ESQUISSE

D'UNE

PHILOSOPHIE DE L'ÊTRE

PAR

J.-E. ALAUX

Professeur de faculté,
Professeur de philosophie à l'École des lettres d'Alger.

I0081850

> Tout être est une force, et tou e force
> une pensée qui tend à une conscience de
> plus en plus parfaite d'elle-même.
>
> J. LACHELIER.
> (*Du fondement de l'induction.*)

PARIS

ANCIENNE LIBRAIRIE GERMER BAILLIÈRE ET Cie
FÉLIX ALCAN, ÉDITEUR
108, BOULEVARD SAINT-GERMAIN, 108

1888

ESQUISSE

D'UNE

PHILOSOPHIE DE L'ÊTRE

ESQUISSE

D'UNE

PHILOSOPHIE DE L'ÊTRE

PAR

J.-E. ALAUX

PROFESSEUR DE FACULTÉ,

PROFESSEUR DE PHILOSOPHIE A L'ÉCOLE DES LETTRES D'ALGER

———

> Tout être est une force, et toute force
> une pensée qui tend à une conscience de
> plus en plus parfaite d'elle-même.
> J. LACHELIER.
> (*Du fondement de l'induction*).

PARIS

ANCIENNE LIBRAIRIE GERMER BAILLIÈRE & Cᴵᴱ

FÉLIX ALCAN, ÉDITEUR

108, BOULEVARD SAINT-GERMAIN, 108

—

1888

AVANT-PROPOS

Vita brevis, ars longa.

J'ai donné au public philosophique deux ouvrages sur la métaphysique ou la philosophie première : dans l'un, *De la métaphysique considérée comme science* [1], je me suis efforcé de fixer, avec l'objet de la philosophie, la nature de la doctrine qu'il suppose, le caractère de la méthode qu'il demande ; dans l'autre, l'*Analyse métaphysique* [2], de chercher et de trouver la méthode ayant ce caractère. Reste à présenter le système : je le ferai, si Dieu me prête vie et force, en deux ouvrages, dont l'un aura pour titre : *Théorie de*

---

(1) Paris, Pedone Lauriel.
(2) Paris, Alcan.

l'âme humaine [1] ; l'autre : *Dieu et le monde* [2].
J'espère pouvoir dire, dans l'un, sur la nature,
l'origine et la destinée de notre être, dans l'autre,
sur la raison des choses dans leur rapport avec
l'homme (deux formes et comme deux aspects
d'une même métaphysique), une pensée discutée,
approfondie, établie par une dialectique sérieuse,
avec les développements qui l'expliquent et la
confirment.

Mais, en attendant qu'il me soit permis de
mettre au jour l'œuvre achevée, j'estime qu'il ne
sera peut-être pas inutile d'en produire une ébau-
che, et de présenter l'énoncé bref, sans discus-
sion ni démonstration, d'une suite de propositions
métaphysiques, esquisse d'un système, ou d'une
hypothèse, dont le développement viendra plus
tard.

Telle que je la présente aujourd'hui, elle n'est
qu'un ensemble d'affirmations, mais d'affirmations

---

(1) Le premier fascicule, ou la première des études qui compo-
seront cet ouvrage, est un Mémoire lu à l'Institut et paru en
tirage à part chez A. Picart (Paris), sous ce titre : *La psychologie
métaphsyique.*

(2) La première partie en a paru, comme *Appendice*, à la suite
de l'*Analyse métaphysique, Méthode pour constituer la philosophie première* (Alcan).

liées et formant un système, dont l'avantage est à la fois qu'il résume, ou plutôt unit et concilie, des systèmes divers, contradictoires en apparence, conciliables sans doute, s'ils ont chacun leur raison d'être et leur part de vérité, dans une vérité plus compréhensive; et qu'il semble ouvrir une voie à l'explication du monde, à celle des êtres et de la vie, à celle de l'homme.

L'univers est semblable à un de ces dessins qui n'offrent d'abord aux yeux que pêle-mêle et confusion : tant qu'on ne le regarde pas comme il convient, tant qu'on ne se met pas au point de vue d'où il faut les voir, ils demeurent incompréhensibles. On le cherche, ce point de vue : jusqu'à ce qu'on l'ait trouvé, on a beau tourner· et retourner le dessin, on ne le comprend pas ; à peine est-il trouvé, le dessin apparaît. Une hypothèse sur l'être et les êtres, sur Dieu et le monde, est un point de vue proposé pour l'intelligence de cet énigmatique dessin qui est l'univers : si elle est juste, le dessin se forme, on le reconnaît, on le voit, et l'explication qu'elle en donne la justifie.

Les deux ouvrages dont j'ai parlé plus haut ne sont que des programmes, et comme des préfaces, qui ne peuvent être comprises sans la connaissance de l'œuvre qu'elles préparent. Que vaudra cette œuvre ? Me sera-t-il accordé de la présenter un jour telle que je la conçois, ou la rêve ? Le temps a des pieds rapides, le temps a des ailes, il marche, il court, il vole ; et je ne voudrais pas laisser passer les années sans la montrer au moins en esquisse et comme en raccourci.

C'est ce raccourci d'une philosophie de l'être, d'un système des choses et de l'homme, que je présente au public philosophique ; c'est l'esquisse d'une tentative de renouveler la théodicée, qui, stationnaire, ce semble, depuis Leibnitz, ou ne se développant que dans le sens du panthéisme, laisse tomber ceux que ne satisfait pas un insuffisant optimisme dans un pessimisme d'autant plus redoutable que la logique ne permet point de choix entre la foi en Dieu et le désespoir.

J. E. ALAUX.

ESQUISSE

D'UNE

PHILOSOPHIE DE L'ÊTRE

––––––

> Tout être est une force, et toute force
> une pensée qui tend à une conscience de
> plus en plus parfaite d'elle-même.
>
> J. LACHELIER.
> (*Du fondement de l'induction*).

I

A l'origine de l'être est le possible.

Je dis l'origine intelligible, principe et base de l'être :
pour qu'un être soit, il faut d'abord, et avant tout,
qu'il puisse être ; même l'existence absolue de l'éternel
présuppose la possibilité première, fondamentale, qu'elle
réalise éternellement.

Statuons donc, dans le fond et comme dans la
source la plus reculée, comme dans le premier germe,
à l'origine première de l'être, le possible.

Des rapports sont, et des êtres sont : car les rapports
sont d'être à être. L'être est donc à la fois un et plu-

sieurs ; il y a des êtres dans l'être, et ils soutiennent entre eux des rapports: à l'origine sont les rapports possibles d'êtres possibles.

L'être possible est l'être en puissance. La puissance n'est pas seulement la capacité d'être, mais la tendance à être : tout être possible tend à se réaliser, toute virtualité à se manifester, toute spontanéité à se déployer : un être n'est pas produit, mais se produit dès qu'il lui est permis de se produire. Le possible de l'être est puissance d'être, tendance à être, aspiration à l'être.

Aspiration à l'être, avant d'être, c'est-à-dire avant de se produire sous une forme qui réalise l'être possible.

Cette aspiration, cette tendance, cette puissance, est infinie: l'être possible embrasse tout le possible de l'être.

Non qu'il se réalise immédiatement.

Si nul empêchement ne met obstacle à son essentielle aspiration à l'être, il réalisera d'abord, et d'un seul coup, tout son possible : il sera par lui-même, absolument, éternellement, infiniment, un être parfait ; et tel sera le premier être.

Empêché, arrêté, limité, il n'est puissance de tout l'être que plus ou moins éloignée, et par degrés ; il n'est puissance prochaine que d'un certain être.

L'être possible ne devient ce qu'il peut être qu'à deux conditions, une condition négative, une positive : la première, qu'il n'en soit pas empêché par quelque réalisation déjà faite, car une réalisation en exclut une autre, et toute forme d'être, tout rapport d'être à être, résulte d'un choix entre deux possibles; la seconde, qu'il soit excité à se produire sous telle forme, tel rapport ; qu'il soit sollicité à passer de la puissance à l'acte, et comme suscité dans son être, par un autre, contraire en ce qu'il est autre, identique en ce que les deux ont de commun, puisque la réalisation de l'être est un même acte du suscité et du suscitant : par exemple, une sensation, réalisation de l'être sentant, est l'acte commun du sensible capable d'être senti et du sensible capable de sentir.

Une idée n'est entendue que par l'idée contraire, un être n'existe que par l'être contraire : les contraires, dans l'ordre des êtres comme dans l'ordre des idées, sont les uns par les autres, les uns dans les autres, contraires et identiques : identiques, en ce qu'ils se contiennent, et contraires, en ce qu'ils s'opposent.

La loi de l'implication mutuelle des existences est celle même de l'implication mutuelle des idées. Les idées étant connexes deux à deux, les deux connexes doivent, pour être impliquées l'une dans l'autre, participer l'une de l'autre (Platon) ; elles doivent avoir quelque chose l'une de l'autre, être la même en un sens tout en étant réciproquement autres, identiques et contraires : telles sont les idées, telles sont les existences. Leur corrélation est une opposition harmonique. L'existence résulte de contraires unis, d'antinomies conciliées.

Qu'est-ce que l'antinomie, sinon l'un et l'autre en un même ? Or, il faut bien admettre que les choses sont unes et autres si elles sont distinctes, et il faut bien admettre qu'elles sont en un même si elles sont les unes dans les autres : mais il faut qu'elles soient les unes dans les autres, s'il y a une loi de l'être qui les relie, s'il y a une commune essence de l'être.

Toute chose en attire une autre qui lui soit opposée, et s'unit à elle : leur union est leur condition d'être, c'est-à-dire d'existence, ou de passage de la puissance à l'acte, de l'être virtuel à l'être réel, de l'être latent au véritable être.

II

Un être n'est réel et en acte qu'autant qu'il est manifeste, visible : visible à autrui, il est pour autrui ; visible à soi, il est pour soi. En soi, il n'est que puissance ; pour être réel, pour exister, il faut qu'il apparaisse. S'il n'apparaît qu'à autrui, il n'a de réalité que relative à autrui : il n'en a pas en soi, n'étant en soi que puissance ; ni pour soi, ne se connaissant pas. Quand il se connaît, quand il s'apparaît ou se manifeste à lui-même, quand il prend conscience de soi, alors seulement il a une réalité vraie, absolue, alors il existe. Inconscient, ou il n'existe pas, ou il existe pour qui le voit, relativement à lui, subjectivement en lui, non autrement que s'il était rêvé, pure apparence, pur fantôme : il existe enfin, d'un véritable être et pour soi-même, quand il est conscient.

La conscience peut n'être qu'un sentiment de soi, ou de son action, sans réflexion sur son action ni sur soi-même. Il suffit, pour exister dans la réalité de son être, qu'un être se sente ; mais encore faut-il qu'il se sente, et, passant de la puissance à l'acte, passe de la substance au phénomène : phénomène pour autrui, il est pour autrui ; phénomène pour soi-même, il est pour soi-même. Il est infini, mais purement virtuel, comme substance ou puissance d'être ; il n'a de réalité qu'autant qu'il apparaît et s'apparaît, qu'il est phénomène pour autrui, phénomène pour soi.

Certes, la table sur laquelle j'écris, la plume que j'ai entre les mains, ne se sent pas : mais est-elle un être ? Les corps ne sont pas des êtres, ils ne sont que des assemblages, des foules, des *masses*.

La conscience enveloppe l'intelligence, et l'intelligence la raison, innée, avec toutes ses idées, à tout être, mais qui ne se dégagera que selon les lois du développement de l'être.

Le *moi* se sent d'abord dans sa rencontre avec le *non-moi*, dont l'opposition le suscite, le détermine, l'actualise: c'est le premier degré de la conscience. Vient ensuite, dans ce sentiment de soi, la connaissance de soi, et, dans cette connaissance de soi, celle du monde, celle de Dieu : la raison établit le rapport des actes du *moi* au *moi*, du *moi* au *non-moi*, et des

êtres au principe de l'être. Tout progrès de connaissance est un développement de conscience, qui est un
développement d'être.

La conscience est l'existence même, la forme de l'être
réalisé, l'actualisation de l'être virtuel. Passer de la
puissance à l'acte, c'est prendre conscience de soi. On
est en puissance infiniment ; on est précisément ceci
ou cela, on est en acte, dans la mesure où l'on a conscience d'être. Intelligent, on est capable de tout connaître ; sensible, de tout sentir : mais on n'a d'intelligence ou de sensibilité prochaine (humaine, si l'on est
homme), que dans la mesure où l'on est capable de
connaître, de sentir prochainement ; et l'on n'a d'intelligence ou de sensibilité actuelle que dans la mesure
où l'on connaît, où l'on sent actuellement, où l'on a
présentement conscience de connaître, de sentir.

Tout être est donc, en sa réalité présente, un *moi*
uni à un *non-moi* qu'il fait être et qui le fait être : ils
existent l'un par l'autre, l'âme par le corps, qui la fait
penser, et le corps par l'âme, qui le fait vivre.

III

L'être est un et multiple : l'être est dans les êtres,
et un même être dans tous les êtres ; les êtres sont
dans l'être. Point d'êtres hors de l'être, ni d'être hors
des êtres. L'être unique, absolu, existe par la multipli-

cité des êtres relatifs : il se produit en les produisant ou les faisant se produire, et par eux se révèle à soi.

Avant d'être multiple, l'être est un, comme avant d'être en acte, il est en puissance. Il est la puissance unique, universelle, infinie, de tous les êtres, qui sont les actes multiples, particuliers, successifs et finis de cette puissance.

Mais ces êtres, avant d'être en acte, sont en puissance : puissances indéfiniment multiples de la puissance unique, aspects indéfiniment divers de l'être universel, capable en son universalité de se manifester, de se réaliser, de se produire, par un développement et comme par déploiement de leur propre être à l'infini.

Leur multiplicité simultanée, coordonnée et liée par leur solidarité réciproque, est l'étendue ; le possible de l'étendue à l'infini est l'espace.

Leur multiplicité successive, coordonnée et liée par les degrés d'un développement, suivi en eux, logique autour d'eux, est la durée : le possible de la durée à l'infini est le temps.

Il n'y a de temps, comme il n'y a d'espace, que pour les êtres : l'être, puissance unique, infinie, de tous les êtres, l'être universel, est éternel, immuable, immense, hors de l'espace, hors du temps.

La suite des actes qui forment la durée est la suite des effets d'une cause qui se développe. La cause est la puissance même se produisant par ses manifestations, modes à la fois de la substance qu'elle est et effets de la cause qu'elle est, mais effets déterminés en elle par le dehors, qui, en la suscitant à une forme exclusive de toute autre, la fait se produire, et telle, non autre. Tous ces effets de causes diverses, mais solidaires puisqu'elles se suscitent les unes les autres, découlent d'une même cause, d'un même principe, cause des causes qui sont les puissances, principe des principes qui sont les êtres.

IV

L'être est substance et mode. La substance est puissance d'être, c'est-à-dire d'être ceci ou cela : mais si elle est ceci ou cela, elle n'est pas substance pure, elle est substance avec ses modes. Distincte de ses modes, qui peuvent être autres sans qu'elle-même soit autre : elle comporte des modes divers, elle est une ; mais elle n'est point sans ses divers modes. Toujours elle en comporte de nouveaux, elle est inépuisable : mais elle n'est jamais sans des modes changeants qui à chaque instant arrêtent sa forme limitée ; elle est une virtualité infinie, principe d'une réalité finie : l'être n'est point cette virtualité pure, nulle sans la réalité qui la manifeste, ni cette réalité pure, nulle sans la virtualité qu'elle manifeste, mais les deux ensemble, les deux en un.

Si la substance est la puissance d'être, qui ne devient réalité qu'autant qu'elle passe à l'acte, l'acte n'est pas seulement un mode, mais un mode par où elle se manifeste elle-même, par où elle traduit et signifie sa nature, par où elle s'exprime : elle est le principe de l'acte, elle est activité, et enfante en soi ses phénomènes : ses modes ne sont pas seulement ses modes, mais des effets de son énergie propre. Elle produit ses modes. Elle est cause : efficiente, car elle est la force productrice de ses modes ; et finale, car elle est le but de leur production : elle se produit elle-même en eux, et les produit pour s'exprimer, pour se manifester, pour se réaliser, pour être : elle les produit en soi pour soi.

D'autres peuvent agir sur elle : leur action ne sera que la condition de ses phénomènes, actes de la puissance qu'elle est, effets dont elle est la véritable cause. Qu'on mette dans la terre un gland, il n'en sortira pas un sapin : l'action du milieu sur le gland, ou du gland vivant sur un être virtuel dont le gland lui-même n'est que la nourriture et le premier milieu, ne produira pas le chêne, mais le fera se produire. L'action de l'organisme ne produit pas non plus l'être mental, mais le fait se produire : l'âme préexiste au corps, et les idées à l'expérience, comme le chêne à sa terre, ou à son propre gland. Le milieu détermine la forme des actes, dont la cause est dans la puissance, dans la substance même ; quand c'est une substance d'être fini, une puissance de réalité bornée, elle ne saurait passer à l'acte et se produire qu'à la condition d'une détermination reçue et sous l'excitation d'autres forces. Il faut, chez

une telle puissance, qu'il y ait passage à l'acte, mouvement, changement, réalisation, par des conditions
externes : mais si l'être ne devient que par l'excitation
du dehors, il ne devient que ce qu'il est en puissance
et comme dans le fond de son être ; et c'est pourquoi
il ne devient pas indifféremment ceci ou cela, mais tel
être, non un autre.

En lui donc est la vraie cause de son devenir, la vraie
fin aussi : il se veut lui-même, et il se veut tout ce qu'il
peut être. L'effet est dans la cause, comme dans la
substance le mode ; l'effet est la manifestation de la
cause, comme le mode la réalisation de la substance :
la cause contient l'effet et le surpasse, capable de se manifester sans s'épuiser par des effets à l'infini ; comme
la substance contient le mode et le surpasse, capable de
se réaliser sans s'épuiser par des modes à l'infini. Et
qu'on ne nous objecte pas ici la mort: la cause, la substance, la puissance d'être, ne connaît pas la .mort (qui
pour elle serait l'anéantissement), mais le passage d'une
forme à une autre, ou d'une suite liée et comme d'un
ordre de formes à un autre ordre.

Comme les effets sont dans la cause, les modes dans
la substance, la cause est aussi dans ses effets, la substance dans ses modes : la substance est une avec ses
modes, qui la contiennent et qu'elle contient, la cause
une avec ses effets, qui la contiennent et qu'elle contient : le principe de raison suffisante se ramène au
principe d'identité. Effets et modes, c'est tout un : actes

d'une puissance d'être. La condition extérieure qui en détermine la forme est l'acte d'une puissance étrangère, de sorte que le phénomène, en même temps qu'il est l'acte de la puissance qu'il manifeste, l'est encore de la puissance qui fait celle-ci se produire : la sensation est à la fois l'acte du sujet sentant et de l'objet senti. Acte de l'âme, elle en est un effet et un mode : l'âme est la cause de cet effet, comme la substance de ce mode. Acte du sensible, elle en est un effet et un mode : le sensible est la cause de cet effet, comme la substance de ce mode. Elle est deux causes, deux substances, deux puissances en un seul acte : elle est plus que le passage du *moi* au *non-moi*; elle est le *non-moi* dans le *moi*, l'objet et le sujet en un.

V

Ainsi la substance est la puissance, la cause est la puissance ; et la manifestation de la substance en des phénomènes, modes ou qualités, de la cause en des effets, n'est autre que la production de la substance, passant, par un déploiement sollicité, de la virtualité à la réalité, à l'acte, à l'être.

Tous les êtres sont donc consubstantiels. Une même substance est au fond de toutes les substances ; une même puissance, de toutes les puissances ; une même cause, de toutes les causes. C'est leur consubstantialité qui fait de leur multiplicité simultanée une continuité

d'étendue et de leur multiplicité successive une continuité de durée. C'est leur consubstantialité qui explique
l'excitation des uns par les autres, et leur permet de se
produire les uns les autres, de se faire être les uns les
autres : un même être se produit en eux, existe en eux
et par eux.

Ils ne sont substances, comme ils ne sont puissances
et causes, que secondes : ils ont le fond de leur être
dans une cause et une substance, dans une puissance
première, qui d'elle-même, absolument, éternellement,
se réalise.

Une pure puissance est un néant : néant prétendant
à l'être, être possible, être virtuel, mais non-être. Une
pure puissance ne peut donc agir sur une autre et la
susciter ; et elle ne peut non plus passer d'elle-même à
l'acte, à moins d'y passer tout entière, infinie qu'elle
est : dès lors elle est un être qui de lui-même, absolument, éternellement, réalise tout le possible de l'être,
dont nulle dépendance, nul obstacle, n'arrête l'expan-
sion infinie.

Si une puissance peut ainsi passer d'elle-même à
l'acte, elle est aussitôt, absolument, éternellement, infiniment, tout ce qu'il est possible à l'être d'être ; elle
épuise l'idée entière de l'être ; elle est le parfait être.
Être unique, maître de toutes les suscitations de puissances, de toutes les existences : car, comme il est, il
les empêche ou, à son gré, leur permet de se produire,
et les détermine à se manifester sous telle forme, à réa-

liser tel possible, qui exclut les autres : il choisit entre les possibles, et il suffit à ce choix. Il est donc seul par lui-même, et rien autre n'existe que par lui seul.

Mais, par lui, autre chose existe : car lui-même il est, dirai-je par autre chose ? non, puisqu'il est par lui-même ; et cependant oui : il est par son contraire, qu'il enveloppe ; il est par le néant, par l'être possible, qui le fait être, comme il le fait être : car telle est la loi de l'être : il attire un autre qui lui soit opposé, l'unit à soi-même, et leur union est sa condition d'être. Quel autre, puisque rien n'est encore ? Le néant : ce non-être qui est l'être possible. Il se produit éternellement, en passant éternellement de la puissance à l'acte, mais aussi en faisant passer les puissances d'êtres particuliers aux actes successifs, à la réalisation graduelle et progressive de leur être.

VI

L'être universel, fond commun de tous les êtres, leur commune substance, leur commune puissance, leur commune et primitive énergie, se réalise d'abord ainsi, en un premier être, unique, étant premier, et parfait. Car les puissances particulières des êtres ne se réalisent pas d'elles-mêmes ; et si quelqu'une se réalisait d'elle-même, elle serait aussitôt cet être parfait, souverain, unique. La première est cela. Le premier être, quel qu'il soit, ou le premier-né de l'être, est le parfait être. Il faut qu'il y en ait un, puisqu'il y a des êtres, qui ne peuvent être plusieurs s'ils sont par eux-mêmes, et qui, s'ils ne sont point par eux-mêmes, ne peuvent exister que suscités par un être en acte. Il faut donc qu'il y en ait un, et c'est la puissance première de l'être réalisée en un parfait être, maître souverain de toutes choses.

Cet être est Dieu. Le système des êtres dont il réalise les puissances, les produisant, mais librement et avec lui, par son existence même, est le monde.

Dieu se connaît, puisqu'il est. Il enveloppe un *non-moi*, qu'il affirme en s'affirmant, et qu'en l'opposant il unit à son être. L'être affirme le néant : non le néant absolu de l'être, l'impossible, mais le néant de l'être possible, l'être en puissance : il le pense, et le fait être ainsi en lui-même, d'un être d'abord tout subjectif : cette représentation de l'être possible, de l'intelligible, dans la pensée du parfait être, est le monde en lui : il le conçoit, le veut, et le fait être.

Il y a en lui une conscience de son être, une conscience de l'être du monde, et une conscience de l'union des deux. Conscience de l'être parfait qu'il est, être en acte; conscience de l'intelligible, du possible, que réalise en lui le monde ; conscience de l'union de son être en acte et de l'être possible identifiés, qui est, avec sa vie, la vie du monde.

Il ne fait pas le possible, il ne crée pas l'intelligible : il s'unit à l'intelligible, distinct de lui, autre que lui,

indépendant de lui, absolu en soi comme il est lui-
même ; et de leur commerce naît la pensée divine, la
raison souveraine souverainement entendue, le Fils
aussi ancien que le Père, le Λόγος engendré de toute
éternité, le Verbe.

Il est donc Esprit, c'est-à-dire Activité consciente.
Parfaite activité, non déterminée, mais se déterminant:
activité libre, capable de toute action : elle agit selon
qu'elle veut, et veut selon qu'elle doit.

VII

Son intelligence infinie n'est pas de tout entendre,
mais tout l'intelligible ; ni de tout connaître, mais ce
qu'elle veut connaître, et ce qui peut être connu. Son
pouvoir infini n'est pas de tout faire, mais tout le possible, et s'il veut le faire. Un parfait pouvoir n'est pas
de faire l'impossible ou l'absurde, mais de faire tout ce
qui est possible absolument ; et non pas de le faire né-
cessairement, mais de le faire si l'on veut. Une parfaite
intelligence n'est pas de connaître l'inconnaissable,
mais de connaître tout ce qui est connaissable absolument ; et non pas même de le connaître, mais de pouvoir le connaître.

L'infinité du parfait être n'est point une extension
infinie, mais un pouvoir infini d'agir, libre d'agir ou de
n'agir pas : sans quoi, s'il fallait qu'il fût toujours tout

entier déployé, si son infinité lui ôtait la liberté d'agir et d'être comme il voudrait, il serait limité par son infinité même. Que dis-je ? Son action serait contradictoire, puisqu'elle irait, ou à produire des possibles qui s'excluent, ou à produire les uns à l'exclusion des autres : mais alors elle ne produirait pas tous les possibles et, au sens où on la déclare infinie, ne le serait pas.

Le suprême Esprit choisit donc son action, et il exerce l'infinité de son pouvoir, soit qu'il agisse, ou qu'il se retienne.

L'être infini n'est pas acte infini, mais puissance infinie. Il n'est pas, en acte, infiniment, mais parfaitement ; et comme il est parfaitement, il peut infiniment. Son pouvoir d'agir n'a pas d'autres limites que celles du possible. Mais ces limites ne bornent pas : car qu'est-ce que l'impossible, sinon le néant absolu ? Et qu'est-ce que être borné par le néant absolu, par ce néant qui n'est pas seulement le non-être, mais le non-être incapable d'être ?

Ce qui ne peut être fait, Dieu ne le fait pas ; et, de ce qui peut être fait, il fait ce qu'il veut faire. Ce qui ne peut être connu, Dieu ne le connaît pas ; et, de ce qui peut être connu, il connaît ce qu'il veut connaître. Il est ce qu'il veut être. Mais il veut être ce que la parfaite sagesse et la parfaite bonté, ce que la parfaite raison, veut qu'il soit.

VIII

Il faut donc distinguer en Dieu l'être même, réel et parfait, conscient de soi, puisqu'il est réel, et d'une conscience adéquate, puisqu'il est parfait ; l'être, dis-je, immuable, et l'action de cet être, mobile, variée, soumise à des convenances, à des motifs, à une raison qui se proportionne aux temps et aux besoins des êtres.

Il est l'être, et il est un être.

Comme il est l'être, il est l'être de toutes choses, universel et impersonnel, absolu, infini, se produisant dans le temps sans bornes et dans l'immensité de l'espace ; seul être, dirai-je, car il se confond avec les êtres, desquels il ne se distingue qu'en ce qu'il est leur puissance première, principe des puissances dont ils sont les actes.

Comme il est un être, il est autre que les êtres et en rapport avec eux, conscient de lui-même et d'eux en lui, agissant en eux comme ils agissent en lui, les soumettant à son action et répondant à la leur : non que la leur ajoute rien à son être : mais dans le rapport que, étant lui-même un être, il soutient d'être à être avec eux tous, il se mesure, il se proportionne à la conduite d'êtres qui se meuvent en lui, sont par lui, vivent sa vie, actes de puissances dont il est le principe : unique en cela, qu'étant l'acte ou la manifestation de la première puissance principe de ces puissances, il réalise lui seul par lui-même tout l'idéal de l'être, il est le parfait être.

IX

Il crée le monde, en le faisant passer du non-être à l'être, c'est-à-dire de l'être en puissance à l'être en acte. Il ne le produit pas, il le fait se produire. Il agit sur les puissances dont il est le principe, sur les virtualités qu'il enveloppe, qui sont en lui, qui sont lui-même : et par cette action, par cette sollicitation des sourdes aspirations à l'être, suscite les êtres.

Il agit ainsi pour être et pour faire être : par nature, et par amour. Il est cause pour une double fin, pour un double bien : son être, et l'être des possibles capables de félicité. Il produit la félicité avec l'être. Le *moi* suprême réalise éternellement son être un par l'existence de l'autre, de l'universel *non-moi*, du monde : il oppose, pour être, à la puissance d'être qu'il est, les innombrables puissances d'êtres particuliers qui sont en lui comme en leur principe ; et à la réalité qu'il est, la réalité suscitée par lui de leur être.

Et comme chacune de ces puissances tend à l'infini, chacune pourra, d'acte en acte et de degré en degré, s'élever jusqu'à la félicité et à la perfection, jusqu'à la réalisation du suprême idéal.

Il ne faut pas dire qu'un être imparfait ne peut que

se perfectionner sans arriver à la perfection : la perfection n'est pas l'infinitude. Une sphère dont tous les rayons seraient bien exactement égaux serait parfaite sans être infinie. Un être capable de tout connaître, de tout comprendre, d'aimer tout ce qui mérite d'être aimé, de vouloir tout ce qui doit être voulu, de pouvoir tout ce qui peut être fait, s'il est prochaine puissance de tout l'être possible, est parfait être.

Tout être est puissance d'être à l'infini, mais puissance éloignée, et n'est puissance prochaine que d'un certain être : puissance prochaine d'être homme, par exemple, non d'être ange ; et d'être tel homme, non tel autre ; et cet homme, soit ce peintre, n'est puissance prochaine de se produire en un beau tableau qu'après étude.

Si le perfectionnement n'avait point pour terme la perfection de l'être devenu puissance prochaine de tout le possible, il n'aurait point de terme : l'être serait toujours à l'infini d'un terme situé à l'infini ; et où serait le perfectionnement ? Le progrès ne serait qu'un piétinement sur place.

Chaque être pourra donc parvenir à son bien, qui est le parfait être. Il n'y a d'être parfait par lui-même, il n'y a d'absolu parfait, que le premier être : mais il peut y avoir, et il y a, outre le parfait incréé, unique, absolu, des parfaits relatifs en ce qu'ils n'ont point leur perfection, non plus que leur existence, par eux-mêmes : tous les êtres peuvent devenir parfaits, par l'action de Celui à qui il appartient de les faire être. Et lui-même ne serait point parfait, s'il leur enviait l'être qu'ils attendent de lui, s'il leur refusait cet être qu'ils ont en puissance, dont il ne tient qu'à lui de leur permettre la réalisation.

La création du monde a un autre but que l'existence même de Dieu : c'est l'existence d'une société d'êtres parfaits, unis à Dieu. Ces deux buts s'accordent en un.

X

Dieu agit sur toutes les puissances d'être, et tous les êtres sont.

Ils sont tous ensemble par Dieu, et séparément l'un par l'autre, chacun prenant conscience de soi sous l'excitation d'un *non-moi* contraire et identique : ils s'attirent, s'unissent, existent par leur union. D'où les affinités d'atomes formant des molécules, les cohésions de molécules en corps.

Ils ne formeraient tous qu'un seul corps, une masse indéfinie, s'ils étaient tous ensemble les uns par les autres, actes de puissances du même degré. Mais toutes les puissances d'être ne sont pas actualisées dans le même temps. Dieu choisit l'ordre comme il choisit la forme de leur actualisation, c'est-à-dire de leur création : car les actualiser, les faire passer de la virtualité à la réalité de l'être, c'est les faire passer de leur non-être à leur être, et les tirer du néant, dans le sens intelligible du mot. C'est faire être réel ce qui n'était pas réel, faire exister ce qui n'existait pas. Et c'est là créer : donner l'existence à l'être possible.

Des êtres possibles, qui prétendent à l'existence ; des puissances d'être, qui aspirent à l'être, mais ne peuvent être que sous certaines formes exclusives d'autres formes, et qu'autant que, libres de tout obstacle, elles reçoivent d'ailleurs l'excitation nécessaire ; des êtres toujours prêts, sont là, ils trouvent la voie ouverte :

Qua data porta, ruunt.

Et les voilà. Ils sont plusieurs, par Dieu d'abord, qui, leur permettant leur être tandis qu'il retient encore celui des autres, les suscite en des formes déterminées ; puis, ainsi produits ou plutôt se produisant plusieurs à la fois, les uns par les autres, les contraires par les contraires.

Plus tard, de nouveaux êtres seront suscités ; les anciens seront, au milieu d'eux, des puissances d'un degré plus élevé, des forces plus développées, des conscients plus capables de se connaître et d'être, centres d'attraction et de subordination de forces inférieures qui seront les corps dont ils seront les âmes : et la vie se produira. Elle ira, de l'affinité chimique par où se forment les molécules résultant d'éléments qui se combinent deux à deux, à la force par où se réalise la plus complexe et la plus riche vie ; elle ira de l'instinct fatal, unique, déterminant des mouvements nécessaires et assujettissant les êtres aux lois de leur nature, à la volonté libre d'êtres se déterminant eux-mêmes, transformant leur propre nature, et devenus comme les créateurs de leur être.

XI

D'où la hiérarchie du monde : c'est que nous sommes plus avancés les uns que les autres. Sans inégalité d'ailleurs, ni faveur, ni privilége : puisque l'être ne doit point finir, chacun de nous, quel que soit le jour du commencement de son être, est un être éternel, et chacun de nous atteindra la perfection de l'être.

Le possible, étant infini, est inépuisable : jamais donc ne sont réalisés tous les possibles : mais jamais ne s'interrompt la réalisation des possibles, jamais ne s'arrête l'œuvre de la création.

Le nombre des êtres croît sans cesse, et le monde se dilate, sans que jamais l'espace ni le temps se ferment devant lui. Toute étendue réelle est finie, et le monde a toujours des limites ; mais l'infini de l'étendue possible, qui est l'espace, permet toujours, au-delà de toute étendue réalisée, de nouvelles réalisations d'étendue pour de nouveaux êtres. Toute durée est finie, et le monde a toujours, à l'instant présent, un nombre d'années écoulé : mais l'infini de la durée possible, qui est le temps, permet toujours, au-delà de toute durée réalisée, de nouvelles réalisations de durée pour de nouveaux êtres, comme pour les êtres qui sont déjà.

Et Dieu est au fond de tous, mettant dans les uns, pour diriger leur instinct, une raison inconsciente dont il est la lumière ; mettant dans les autres, pour éclairer leur volonté libre, une raison consciente dont il est aussi la lumière : puissance de toutes les puissances, force de toutes les forces, raison de toutes les raisons.

XII

Tout être est une force propre, irréductible, donc indivisible et une. Le monde n'est pas un être, mais un système d'êtres ; et les corps que nous y voyons ne sont pas des êtres, mais des assemblages, des composés d'unités ou de *monades*.

La *monade*, élément du corps, est une force, conduite par un instinct, qui est l'attraction. Car il ne se peut point qu'un être soit, qu'il ne tende à l'être même, à tout l'être, à l'infini : donc il est attiré, pour être identifié, s'il est possible, avec eux, par tous les autres êtres de l'univers ; mais, comme il est attiré, il attire, et le plus fort l'emporte.

Soit donc un ensemble de monades ou de forces égales : elles s'attirent une à une, chacune également attirante et attirée, sans que nulle domine les autres : voilà une masse, voilà un corps, qui attire tous les autres corps par toutes ses monades, comme il est attiré par toutes les monades des autres corps, en sorte que, plus

est considérable le nombre de ses monades, plus lui-
même, par son ensemble ou par sa masse, il a de pouvoir attractif.

L'attraction détermine un mouvement d'un corps vers
un autre. Comme le corps n'est qu'un agrégat, il n'est
pas une force, mais la résultante d'un jeu de forces qui
a produit ce qu'il a pu produire, lui-même inerte, incapable de passer du repos au mouvement, ou de mo-
difier son mouvement, ou de revenir du mouvement au
repos ; donc, selon la première impulsion reçue, il con-
tinue à se mouvoir, et, la force qui l'attire agissant
toujours sur lui, il a, à chaque instant de son mouvement, la vitesse acquise par toute la suite des impul-
sions antérieures, augmentée de celle qu'il doit à l'impulsion présente : d'où il suit que sa vitesse croît
indéfiniment selon la règle du mouvement uniformé-
ment varié, et que les corps s'attirent en raison inverse
du carré des distances.

Maintenant, supposons plusieurs monades d'inégale
force. Nous n'avons plus ici une masse plus forte que
d'autres par le nombre de ses monades constitutives,
mais une monade plus forte en soi que les autres. Il
n'en résultera plus un corps dont toutes les forces in-
ternes s'équilibrent et se neutralisent deux à deux, un
pur agrégat, mais un système de forces soumises à une
dominante, par conséquent c ntralisées, organisées.

Une force supérieure, mise au milieu de forces déjà
agrégées, pour les attirer à soi les désagrège d'abord.

Un corps, sous une telle action, se dilate, se décompose, pour se recomposer en un autre. Désagréger un corps, c'est d'abord le dilater ; le dilater, c'est commencer à le décomposer pour le recomposer, s'il est possible, au profit de la force qui le travaille : tout cela, c'est l'échauffer. Ainsi s'explique la chaleur, dont le principe est un centre d'attraction, ce qui revient à dire un foyer de vie.

La monade prépondérante, centre d'attraction et principe de vie, n'est pas plus étendue que nulle autre, puisque l'étendue n'est qu'un rapport : mais, sans être étendue, elle produit une étendue, par cela même qu'elle groupe autour d'elle, qu'elle organise, qu'elle s'assimile un ensemble de monades subordonnées ; et elle est présente à toute l'étendue qu'elle produit. Ainsi la force vitale d'un corps est une monade présente à toutes celles dont elle se compose un corps comme un monde ; ainsi la Force suprême du monde, le principe inétendu de l'étendue universelle, est une monade présente à tous les êtres, qui tiennent d'elle leur être, leur chaleur, leur lumière et leur vie. Tel est le rapport de l'Être immense aux êtres étendus ; telle est l'indivisible ubiquité de Dieu.

XIII

La force interne qui rapproche les molécules d'un corps, si elle est soumise à l'action d'une force supérieure, cède ; le corps se dilate, et bientôt se dissout. La subordination réciproque des forces moléculaires diminuant, chacune recouvre peu à peu son indépendance propre : c'est là le premier effet ; il en résulte l'action attractive et de ces molécules sur les molécules des autres corps et des molécules des autres corps sur elles, d'où l'équilibre des températures ; il en résulte ensuite que chacune cherche à se soustraire à l'action des autres, et que les molécules d'un même corps, après avoir été liées entre elles, se fuient.

Ainsi le corps se dissipe en gaz ; mais le gaz n'est pas encore la fin de la décomposition. L'atome gazeux est un corpuscule, perceptible jusqu'à un certain point, étendu ; il a donc des parties encore, et il se divise, s'il reste sous l'action de la force qui le dilate et qui le meut, jusqu'en ses monades inétendues, insaisissables et réels atomes. L'atome gazeux était de la matière : il était un agrégat, une masse, si petite qu'elle fût ; que sont les monades ? et qu'est-ce qu'un ensemble ou une collection de monades non liées entre elles ? C'est là le terme suprême de la décomposition du corps ; elles n'appartiennent plus à aucun corps, et la force qui les a disjointes peut en disposer désormais. Comme elles ne sont plus ordonnées entre elles, comme elles ne se rapportent plus l'une à l'autre, elles échappent à la prise de nos sens ; et elles échappent aussi, comme elles ne forment plus de masses grandes ni petites, à la loi de l'attraction, à la gravitation, à la pesanteur.

Tel est ce qu'on nomme justement un fluide impondérable, tout instable, tout mobile.

Le fluide impondérable est en même temps le dernier degré de la décomposition et le premier de la recomposition ; c'est l'état des forces devenues libres, après avoir été constituées selon un certain ordre, d'être reconstituées selon un autre ordre : la force qui les réordonnera doit les prendre en cet état pour en disposer. Point de changement donc sans qu'il se produise un fluide ; et comme tout change sans cesse dans la nature, la nature est remplie sans cesse de fluides, qui, rejoignant le premier fluide antérieur à toute composition, forment ensemble et avec lui un fluide universel, réservoir commun où aboutissent les anciens corps et où elle puise les éléments des corps nouveaux qu'elle ne se lasse pas de produire.

Ce fluide, comme il est incomposé, est sensible à l'action de toute force, et il est par là le moyen d'action de toutes les forces, l'intermédiaire universel des êtres. C'est l'éther. Il prend différents noms, lumière, électricité, magnétisme, suivant les effets qui le manifestent, ou le mode qui nous révèle son existence, ou la force qui en dispose. Ainsi celui dont je dispose, qui n'est autre que le dernier degré de dissolution des matières que je m'assimile, réduites de la sorte, pour pouvoir être comme identifiées avec moi-même, non à des gaz, mais à leurs monades, est le fluide nerveux : par ce fluide, qui est un avec l'éther, la force que je suis communique avec d'autres : j'agis sur elles, elles agissent sur moi.

Une force ne peut disposer du fluide qu'à de certaines conditions : qu'elle ne rencontre pas d'obstacle, que nulle force étrangère ne s'empare du fluide libre, ce qu'on évite en l'isolant et le guidant par des fils conducteurs, tel est le système nerveux ; qu'elle soit supérieure, pour que les monades qui lui doivent obéissance, et qui sont elles-mêmes des forces, ne lui résistent pas.

Le dehors agit donc sur moi, et moi sur le dehors : non directement, mais le dehors sur mes organes, et mes organes sur moi, d'une part ; d'autre part, moi sur mes organes, et mes organes sur le dehors. Les choses me touchent comme les corps touchent les corps ; mon corps est un corps parmi les autres, soumis aux mêmes lois, éprouvant les mêmes résistances, dilaté par la chaleur, mû par toutes les vibrations de corps frappés ou éclairés que lui transmet l'air ou l'éther : les unes viennent se condenser dans mon oreille comme dans une conque marine, les autres s'arrêter et se fixer dans mon œil comme dans un miroir. Mon corps, mis en présence des autres, est (mais à plus juste titre que ne l'est l'âme chez ce philosophe) la statue de Condillac : ils agissent sur lui comme sur une statue, et il agit sur eux comme une statue qui exécuterait mes mouvements extérieurs, comme un automate. A son tour, il agit sur moi par les nerfs sensitifs, et j'agis sur lui par les nerfs moteurs. Le même fluide, selon les dispositions des fils conducteurs, me transmet ce qu'il reçoit, et lui transmet ce que je veux.

XIV

Ce fluide qui me met en communication avec mon corps n'est pas lui-même un vrai corps, puisqu'il n'est pas un agrégat d'éléments liés et composés entre eux ; il est un ensemble néanmoins, un groupe, et à ce titre une sorte de corps, un premier corps, dont les éléments se rapportent directement à moi : c'est avec eux, et avec chacun d'eux, que je suis dans un rapport direct d'action et de réaction : rapport, non ce rapport inconcevable de simple à étendu, de force à masse et à matière, mais de force à force, de simple à simple, d'âme à pure monade, une à une: l'âme, agissant directement sur chacun de ces éléments dont elle reçoit l'action également directe, ne leur laisse pas le temps de se rapporter les uns aux autres, de se composer entre eux, de former corps : elle est unie à ce commencement de corps qui ne se forme pas, et, par ce premier demi-corps, à son corps.

Ce demi-corps, invisible et fluide, sorte de *médiateur plastique*, anime et fait vivre, sain ou malade selon qu'il est affecté lui-même, le corps visible, qu'il pénètre et qu'il enveloppe comme une impalpable

atmosphère, à la fois intérieure et extérieure ; par où
s'explique cette étrange influence d'une volonté puissante disposant, dans l'hypnotisme, dans le magnétisme, dans certaines situations anormales, rares, mais
réelles, d'organes qui ne sont pas les siens.

Les forces étrangères n'agissent pas directement sur
nous, mais sur notre corps ; et nous n'agissons pas
directement sur elles, mais sur notre corps : notre corps
établit le rapport entre le monde extérieur et nous ; le
rapport entre notre corps et nous est établi par le fluide
nerveux. On conçoit un état du moi éprouvant l'action
des forces étrangères comme nous éprouvons celle de
notre corps, et agissant sur ces forces comme nous sur
notre corps, se les assimilant, se les appropriant, sans
qu'elles aient besoin d'être en contact avec un certain
corps, les sentant et les mouvant sans avoir besoin de
faire intervenir un corps entre elles et lui. Tel est l'accroissement des sens, dont le dégagement du fluide
nerveux dans le magnétisme animal nous offre peut-
être un exemple, et nous donne l'idée comme d'un autre
état qui serait le nôtre à la suite de la vie terrestre.
Cette vue nous élève à concevoir, dans les espaces du
monde, autour de nous, loin de nous, des êtres in-
visibles, non en eux-mêmes, mais pour nous, n'ayant
plus d'autre corps que ce corps impondérable et éthéré
qu'ils auraient puisé dans le fluide universel : être libres
enfin de cette lourde enveloppe qui pèse sur notre âme
comme les murs d'une prison, êtres agiles et pleins

d'essor, plus heureux ou plus malheureux que nous dans la mesure de leur pouvoir supérieur.

XV

Deux monades en rapport direct l'une avec l'autre sont continues par là même, et la distance que nous imaginons ou que nous nous représentons entre elles n'existe que rapportée à autre chose : qu'on se les figure aux deux bouts d'un fil d'une lieue qui leur permettrait de communiquer sans obstacle, sont-elles à une lieue l'une de l'autre ? Oui, si elles communiquent par l'intermédiaire de toutes celles qui forment la longueur du fil ; non, si le fil n'est pour elles qu'une condition externe toute négative, comme un isolant qui n'ait rien à faire qu'à les soustraire aux forces du dehors ; si, en un mot, elles agissent directement l'une sur l'autre, la distance entre elles, par rapport à elles, est nulle. Elle est par rapport au fil, non par rapport à elles : placées aux deux extrémités d'un fil d'une lieue, elles ne sont ensemble qu'un point. C'est ce qui fait que la communication entre elles est si prompte : elle est, à vrai dire, instantanée, parce qu'elle est directe. Il n'y a pas de distance à parcourir de l'une à l'autre ; celle qui les sépare dans notre imagination est anéantie par la donnée qu'elles sont en rapport direct l'une avec l'autre. Ainsi, tout indivisible et inétendu qu'il est, mais en rapport direct avec un groupe de monades, le *moi* ne forme avec chacune d'elles, une à une, qu'un point, et se sent dans les diverses parties du corps.

Point de distance, point de vide, ni de contact. Les monades s'unissent jusqu'au degré au-delà duquel, confondues et identifiées, elles s'anéantiraient les unes dans les autres : leur impénétrabilité est leur extériorité réciproque essentielle, suite nécessaire de leur individualité propre, irréductible. Chacune a son enceinte, que nulle autre ne peut franchir : le mouvement qui la franchirait provoquerait une fuite. Elles s'attirent et se résistent ; sans se toucher, elles se rencontrent, et, doucement, s'associent en groupes, ou, violemment, se choquent et se repoussent.

Tout est plein dans la nature infinie ; et le monde n'a point d'autres bornes que celles mêmes du possible.

Comme l'être possible ne l'est qu'à des conditions qui seront produites à leur heure, comme tous les possibles ne le sont pas actuellement ; comme, en outre, une collection d'êtres est un nombre, et qu'il est de l'essence du nombre de n'être infini que dans son idée ou dans sa possibilité, d'être fini dans sa réalité, la nature, à un moment donné, ne réalise pas tout le possible, mais le possible du moment.

Elle est infinie, puisqu'elle réalise tout l'être possible, puisqu'elle n'a de limite que l'impossible, ou le néant ; et elle est finie, puisqu'elle ne réalise que l'être possible à ce moment de sa durée, et que, dans l'impossible qui la limite, se trouve l'impossible relatif, possible futur.

Quant à l'étendue totale, elle n'est ni finie ni infinie, n'ayant rien hors d'elle à quoi elle puisse être rapportée : par cela seul qu'elle embrasse tout l'être possible à un jour donné, ni l'œil ne la peut voir, ni l'intelligence ne la peut concevoir du dehors, parce que du dehors elle n'est pas intelligible : elle ne l'est que du dedans ; et du dedans, pour les éléments, pour les êtres qui la composent, comme elle n'est en soi ni petite ni grande, elle est la toute grandeur, elle est, si l'on veut, mais relativement, un infini.

Non toutefois, même au regard de l'espace, le pur infini. Celui-ci est autre que l'étendue, même totale : il est le principe indivisible de l'étendue, la produisant par son action sur toutes les monades, action qui est un rapport de toutes à lui. Ainsi l'étendue de mon corps, pris en sa totalité, est un monde eu égard aux monades élémentaires constitutives de mon corps ; mais elle a pour principe la force interne, indivisible, inétendue, qui leur est présente, et qui les ordonne, les unissant ensemble, et chacune d'elles avec elle-même, dans un rapport commun.

XVI

Le monde, éternel en puissance, ne l'est pas en acte : il a un commencement, puisqu'il est multiple, puisqu'il est fini : une série de phénomènes sans commencement serait, ou un indéfini réalisé, contradiction ; ou un infini composé d'éléments finis, un infini divisible, autre contradiction. Un monde qui n'aurait pas commencé présenterait un nombre de phénomènes sans premier terme. Le premier terme est, pour chacun de nous, dans l'acte par lequel nous appréhendons tout d'abord ce qui nous entoure, et, pour ainsi dire, prenons possession de l'univers.

. Le conscient, en effet, ne cesse d'agir : soit qu'il veuille, ou qu'il sente : quand il sent, c'est qu'il réagit sur le dehors, il s'approprie la modification qu'il en reçoit, et l'accueille ou la repousse, mais, alors même qu'il la repousse, la fait sienne par la conscience. Par cette appropriation de ce qu'il reçoit, il crée son propre sentir, comme il crée son penser, son vouloir. Chacun des phénomènes de la conscience, créé de la sorte par l'action intérieure qui lui imprime son caractère, est un commencement et une fin, parce qu'il est une œuvre qui part de l'âme et qui se rapporte à l'âme, qui a dans l'âme son terme comme son principe. Tous ensemble sont des effets d'une même cause se produisant par des actes multiples. Et si les actes d'une même cause, d'une même âme, sont multiples, c'est qu'ils sont libres : ôtez la liberté, ils sont tous déterminés les uns par les autres, et le sont entièrement, absolument, comme les éléments d'un même acte, ils ne sont ensemble qu'un seul acte ; posez la liberté, ils sont, au moins partiellement et relativement, indéterminés les uns à l'égard des autres, ils ne sont plus distincts seulement comme les éléments d'un même acte, ils sont plusieurs actes, et divers. Indétermination d'ailleurs partielle et relative : car, si elle était absolue, leur succession ne serait pas succession d'effets d'une même cause, mais création successive de causes, de substances, d'âmes, et pour une même âme le temps ne serait pas.

Ils sont donc effets multiples d'une même cause. Effets de causes diverses, ils seraient coexistants, et constitueraient l'espace ; effets divers d'actes multiples d'une même cause, ils se distinguent des coexistants comme ils se distinguent les uns des autres, et constituent un autre ordre, l'ordre des successifs, le temps. Mais de même que les coexistants ne formeraient pas un ordre s'ils n'étaient que diversité sans unité, s'ils n'étaient, dans l'objet, manifestations multiples d'un même être, et, dans le sujet, manifestations multiples à un même être, de même les successifs ne formeraient pas un ordre s'ils n'étaient que diversité sans unité, si chacun des moments du temps n'était qu'un commencement et une fin, un point d'arrêt, sans être une suite.

L'âme est en présence d'un monde conçu comme un ensemble de phénomènes logiquement ordonnés. Elle les saisit par sa propre action, mais non par un acte unique. Si elle les saisissait par un acte unique, elle les saisirait tous en un seul instant, comme des coexistants

en un même temps éternel ; si elle saisissait chacun
d'eux par un acte différent, il n'y aurait point de coexistants pour elle, point d'espace. Elle ne les saisit
pas tous, mais ceux-là seuls qu'un concours de causes
met en rapport avec elle ; ceux-là, elle les saisit ensemble par un acte unique, comme des coexistants en un
même temps qui est le présent pour elle, et qui lui
donne diversité dans l'unité, un espace. Le développement logique des choses, le déroulement des causes
dans leurs conséquences, établit sans cesse des rapports
nouveaux entre elle et de nouveaux ensembles de phénomènes, qu'elle saisit par de nouveaux actes: autant
d'actes, autant de commencements ou de recommen-
cements, autant de fins, autant de points d'arrêt possibles dans une suite. La suite est hors de nous comme
en nous, les points d'arrêt ne sont qu'en nous : c'est
nous qui les mettons, par les divers actes dont nous
saisissons, dont nous affirmons nos rapports divers avec
le monde, dans la suite logique, dans l'inflexible et éternelle chaîne des phénomènes de la nature.

Ces actes, qui sont des affirmations, se rapportent
aux phénomènes extérieurs, sans être déterminés par
eux, mais par nous. Causes de nos propres actes, c'est
nous qui les produisons, mais non solitairement; nous
les produisons solidairement, en concours avec une action étrangère dont l'effet n'est pas de les produire,
puisqu'ils sont nôtres, mais de les provoquer à se produire. C'est ainsi que, tout en étant ce qu'ils doivent

être selon la toute puissance, qui régit l'univers, ils nous appartiennent bien : déterminés par notre activité, ils le sont encore par l'intimité de notre être, par notre propre nature, et celle-ci, soit que nous l'ayons reçue, ou que nous nous la soyons faite nous-mêmes.

Le commencement du temps est, pour chacun de nous, dans l'acte par lequel nous appréhendons tout d'abord les phénomènes extérieurs : chacun de nos actes introduisant dans le temps un point d'arrêt possible, il y a pour chacun de nous un commencement du monde, et l'ensemble des phénomènes auxquels il nous est donné d'assister est exprimable par un nombre. Mais cet ensemble est précédé d'un autre, qui, pour nous avoir échappé, n'en est pas moins réel ; celui-ci d'un autre, et celui-ci d'un autre. Sans fin ? Non : car chacun de ces ensembles n'est lui-même qu'une unité d'ordre supérieur dans le nombre exprimant la totalité de ces ensembles de phénomènes qui sont nos mondes, et qui constituent le monde. Il y a donc une première unité, et un commencement du monde. S'il y a plusieurs mondes, il y a un premier monde, première unité de la totalité du monde : un commencement absolu de l'univers.

XVII

La puissance d'être n'a pas de commencement ; l'existence de l'être en a un : c'est l'acte qui le pose. L'acte

par lequel Dieu pose le monde est le commencement
du monde ; et l'acte par lequel Dieu se pose, par lequel
Dieu affirme son être, est son propre commencement :
les deux sont le même: il est, et il agit, et il produit.
C'est le commencement de l'existence : non de l'être
virtuel, qui n'a point de commencement, mais de l'être
réel. En s'affirmant, il affirme le monde, dont il contient toutes les possibilités à l'état de virtualités comprises dans son être ; et il se produit en produisant le
monde.

Dieu se produit ; qu'est-ce à dire ? N'est-il donc pas,
et n'est-il pas éternellement ? — Il se produit comme il
s'affirme, par un acte de conscience ; et c'est par cette
affirmation de soi-même qu'il se donne son commencement, commencement de l'existence. — N'était-il donc
pas avant de s'affirmer, et pouvait-il s'affirmer sans être ?
— Il était et il n'était pas, dirai-je : pure virtualité sans
réalité, mais pour laquelle aussi n'existe aucun temps.
Il n'a été, dans la vérité du mot, il n'a eu son plein
être, que par l'affirmation que, dès l'origine, il a faite
de soi.

Avec cette affirmation ont commencé les jours de
l'éternité. Il s'est posé, dans un premier acte, dans un
premier vouloir: comment. premier ? Pour le monde ?
Pour les êtres ? Oui, et pour lui-même. C'est un absolu
premier, qui a commencé le temps.

Le temps ne commence qu'avec les actes du moi ;
l'activité même du moi, d'où ils émanent, est en dehors

du temps ; le premier de ses actes n'est donc premier
qu'eu égard à la suite : il précède tout, et ne suit rien.
Demander en quel temps il a été opéré, c'est demander
la couleur d'un bruit ou le son d'une lumière.

Le temps est, pour chaque moi, ce qu'il embrasse
par ses actes ; et, comme il y a d'autres moi, il y a
d'autres temps : mais pour le moi divin, comme il embrasse par ses actes tout ce qui existe, c'est là tout le
temps, et il n'y en a point d'autre.

Le temps, semblable à l'espace, est infini et fini : fini
en soi, infini en ce qu'il est tout le possible de son ordre. De même que l'espace, vu hors du tout, n'est pas ;
qu'il n'est que la coexistence des êtres ; que le nombre
fini des êtres réels, s'il épuise le nombre des êtres possibles, épuise, par la coexistence de tous les possibles,
tout l'espace : de même le temps, vu hors du tout, n'est
pas ; il n'est que la conséquence des phénomènes ; et le
nombre fini des phénomènes réels, s'il épuise le nombre
des phénomènes possibles, épuise, par la conséquence
de tous les possibles, tout le temps.

Le temps ayant commencé, chaque instant le limite ;
et il sera toujours, à chaque instant, limité, dans une
durée éternelle. A chaque instant, l'espace, qui en résulte, est borné ; et il sera toujours borné, dans une
étendue toujours augmentée par la production de nouveaux êtres, croissante à l'infini.

L'acte qui pose le monde, multiple en son unité, pose
la multiplicité ordonnée de l'être, dans la coexistence

de tous les êtres et la conséquence de tous les phénomènes. Tous les êtres coexistent, en dehors du temps,
dans leur éternelle activité, dans leur virtualité divine.
Ils sont les virtualités de l'être ; ils sont divins dans
leur principe ; ils sont en Dieu, ils sont une participation de la substance de Dieu. Toute substance, toute
puissance causatrice, toute volonté, comme toute raison, est une participation de la raison, de la volonté,
de la puissance, de la substance de Dieu. Les êtres
sont des substances secondes, empruntées à l'absolue
et unique substance ; et leurs puissances des causes
secondes, qui tirent toute leur efficace de l'absolue èt
unique cause ; leurs volontés, des volontés secondes en
concours, quand elles atteignent leur but, avec l'absolue et unique volonté ; leurs raisons, des raisons
secondes, dérivée de l'absolue et unique raison : tous
êtres en communion avec un seul être qui est l'Être, et
ne différant entre eux que par la conscience de cette
communion ; tous êtres dont la vie propre, qui se distingue et se détache sur le fond commun de l'Être, a
pour principe l'unité inconsciente et pour fin l'unité
consciente avec Dieu : Dieu les affirme en s'affirmant,
parce qu'ils sont en lui, parce qu'ils sont de quelque
manière lui-même, parce qu'ils sont divins dans leur fin
comme dans leur principe ; Dieu s'affirme en les affirmant, parce qu'il prend conscience de son activité dans
son acte, dans l'acte qui pose le monde.

XVIII

Ne peut-il agir sans poser le monde ? Agir d'une action tout intérieure ? Mais si Dieu est l'être même, la création est une action intérieure : il n'y a rien d'extérieur à Dieu, il n'y a point d'être hors de l'Être. Le rapport de l'être absolu aux êtres relatifs, ou de l'infini au fini, n'est pas un rapport d'addition. On ne saurait concevoir les êtres comme formant une somme A plus B plus C... plus Dieu : ce serait borner l'être sans bornes, l'être de l'être, par celui d'autres êtres que l'être même. Les autres sont autres sans lui être extérieurs. « C'est en lui que nous avons la vie et le mouvement et l'être (St-Paul). » Dieu, comme être, n'est pas l'extrémité d'une série, mais le principe omniprésent de tous les termes de la série : le rapport des êtres à l'être n'est pas une addition, mais une pénétration intime, où s'unissent, sans se confondre entre eux ni avec lui, tous les finis dans l'infini, immédiatement présent à chacun d'eux. L'infini, qui ne s'ajoute pas aux finis, n'est pas non plus leur tout, puisqu'il est en eux et en chacun d'eux, comme chacun d'eux et tous ensemble sont en lui ; ni leur unité générique, puisqu'il est substance ; ni leur unité substantielle, puisqu'ils sont substances : mais la substance de ces substances, l'être de ces êtres, l'être-principe. Dieu est à la fois un être et l'être : comme conscient, un être en relation avec d'autres ; mais comme être, l'être même, qui est dans toutes choses et toutes choses en lui, l'être des êtres, le par quoi et le pour quoi de tout ce qui est, l'origine et la fin, la toute-puissance, toute-sagesse, toute-beauté, distincte mais non séparée de l'univers, dont elle est le principe : il n'est aucun des êtres du monde qui, l'ignorant ou le sachant, et lui devant son instinct ou sa raison, ne subsiste en communion avec lui : plus on a l'âme haute, plus on a conscience de cette communion : « Mon père et moi nous sommes un. »

Poser le monde n'est donc pas, pour Dieu, agir extérieurement, mais intérieurement ; et agir intérieurement, c'est, pour Dieu, produire l'intelligible, réaliser le possible, poser le monde.

XIX

L'être absolu, Dieu, puissance infinie, pense éternellement l'intelligible, possible infini, et éternellement l'exprime ou le réalise, le produit en acte.

Trois choses éternellement distinctes en elles-mêmes : la Puissance infinie d'être, de penser, d'agir ; l'objet infini de la Puissance, l'Intelligible ; l'œuvre infinie, ou à l'infini, de la Puissance, le Monde.

Trois choses éternellement distinctes en Dieu : l'Être

pouvant infiniment penser et agir, c'est la Puissance infinie ; l'Être pensant infiniment son objet, c'est l'Intelligence infinie ; l'Être agissant infiniment dans la production de son œuvre, c'est la Vie infinie. Et ces trois choses sont infiniment réelles : si Dieu ne pensait pas, il ne réaliserait pas sa puissance de penser, il ne serait pas Intelligence en acte ; si Dieu n'agissait pas, il ne réaliserait pas sa puissance d'agir, il ne serait pas Vie en acte.

La Puissance, l'Intelligence et la Vie en Dieu ne sont pas trois attributs, mais trois *hypostases*, trois *personnes*, personnages ou rôles, trois fonctions déterminées par trois natures irréductibles : la Puissance, par la nature de l'être ; l'Intelligence, par la nature de l'intelligible ; la Vie, par la nature du monde.

Être, Dieu est Puissance. — Puissance de penser appliquée à l'objet absolu de la pensée, à l'intelligible, Dieu s'approprie l'intelligible, distinct et par nature indépendant de lui, ainsi que l'a compris Platon ; il se l'identifie, le fait lui-même, ou plutôt, par son union féconde avec cet autre principe, engendre une manifestation de soi, égale à soi, éternelle et parfaite comme il est lui-même, un Fils aussi ancien que le Père, son Verbe, sa Parole, distincte de lui, car elle est née de lui et de quelque chose qui n'est pas lui, elle est née du commerce éternel de l'intelligence et de l'intelligible, allant sans cesse de l'intelligence à l'intelligible et sans cesse revenant de l'intelligible à l'intelligence,

ὁ Λόγος ἦν πρὸς τὸν Θεόν (Saint-Jean). — Puissance d'agir,
Dieu produit par son Fils, par sa Parole, par son Verbe,
le monde, expression ou réalisation de l'intelligible :
si l'intelligible pensé est le Fils ou le Verbe, l'intelligible exprimé et réalisé est la Vie ou l'Esprit, procé-
dant de la Puissance et de la Raison tout ensemble, de
la Force réglée par la Loi : l'Esprit, à la fois Vie en
Dieu et principe vivificateur de l'univers, Ame du
monde.

Le monde est l'acte, le phénomène, la forme et comme
le corps de Dieu.

Dira-t-on que, si Dieu n'a conscience de soi qu'en
s'affirmant et ne s'affirme qu'en se déterminant et prenant corps dans le monde, en posant le monde, il n'a
conscience de soi que quand le monde entier est posé,
à l'extrémité des siècles ? Que c'est encore ici un Dieu
qui devient, mais qui n'est pas ? Non : l'acte par lequel
Dieu pose le monde, c'est l'acte par lequel Dieu pense
l'intelligible, et le réalise : le monde est posé tout entier
dans la pensée de Dieu, dès que l'intelligible est pensé ;
et tout entier réalisé dans son propre être, dès que l'intelligible est voulu.

Il ne sera réalisé, comme il ne sera pensé, que suivant un ordre de succession, condition de l'existence :
mais c'est l'existence qui est successive, l'être est éternel : l'être du monde est posé en soi dès qu'il est
pensé, et réalisé en soi dès qu'il est voulu.

XX

« De toute éternité Dieu est », dit Bossuet. De toute éternité, Dieu, pour s'affirmer, pense l'intelligible, et l'affirme ; et, en l'affirmant, y acquiesce, le reconnaît bon, le veut. *Et vidit quia erant valde bona.* Les choses ne sont pas bonnes parce qu'il les fait telles, ni même parce qu'il les fait être : il les fait être parce qu'elles sont bonnes, et c'est aussi parce qu'elles sont bonnes qu'il les reconnaît telles ; mais sa volonté les reconnaît non moins que son intelligence: un seul acte d'acquiescement accepte l'intelligible, en affirme le bien, et le réalise. Il faut que l'être s'unisse à l'intelligible, pour prendre intelligence et conscience de soi, pour se comprendre soi-même, pour pouvoir affirmer son être: mais qu'est-ce que l'intelligible, sinon le possible, le concevable, le rationnel? Et s'unir au rationnel, au concevable, au possible, n'est-ce pas le vouloir? Le vouloir, n'est-ce pas réaliser le monde? S'il y avait un possible que Dieu ne voulût pas, ne serait-ce pas un intelligible auquel Dieu refuserait son acquiescement? Ne serait-ce pas là une imperfection dans l'union éternelle, nécessaire, parfaite, entre l'intelligence infinie et l'intelligible infini? Et s'il y avait un possible que Dieu ne réalisât pas, ne serait-ce pas un intelligible que Dieu n'aurait pas voulu ?

Dieu aime l'intelligible, aime le monde : la vie divine
est de le penser et de le vouloir. Dieu désire les êtres :
éternel désir éternellement satisfait, et c'est l'éternelle
félicité de Dieu. Le monde aussi aime Dieu : les êtres
désirent l'être, et la réalisation de l'être divin en eux
est pour eux-mêmes le suprême bonheur.   .

Dieu veut tous les êtres possibles : il choisit l'ordre
de leur existence, et leur forme, jusqu'au jour où ils seront appelés à se former eux-mêmes.

XXI

Dégageons donc l'idée de l'être parfait, infiniment
sage et heureux, infini dans toutes ses puissances,
créateur et roi du monde, dégageons cette idée des
préjugés qui l'obscurcissent, et engendrent, avec le
théisme contradictoire des uns, l'athéisme des autres.

Notre théisme diffère de celui qui a cours ; mais, s'il
rompt avec la tradition philosophique, il s'accommode
aussi bien, mieux peut-être, à la tradition religieuse,
à la croyance instinctive des peuples, à ce sentiment
invincible qui fait que l'homme adore et prie, à ce fond
de l'âme « naturellement chrétienne » dont il convient
que la philosophie tienne compte.

Dieu est d'abord le principe de l'être ; ensuite le
premier-né de l'être, le premier être. Deux aspects de
la divinité, et comme deux Dieu, qu'il ne faut pas con-

fondre : on les confond, quand on réunit en un même
sujet deux sortes d'attributs incompatibles, les attributs métaphysiques et les attributs moraux. L'un est le
Dieu-Nature des panthéistes, la *Nature naturante* de
Spinoza ; l'autre, le Dieu-Esprit, le Dieu conscient et
vivant, le Père vers qui s'élève toute prière avec toute
adoration.

Le principe de l'être est le possible de l'être, la puissance d'être de tout ce qui existe, la substance universelle, infinie, absolue, commune à tous les êtres, aux
êtres du monde et à l'être de Dieu.

Le premier-né de l'être, le premier être, est la première réalisation de ce principe : non pas l'être, mais
un être, qui a ceci de commun avec le principe des
êtres, que, en suscitant leurs puissances contenues
dans le principe, il les fait être : il est le Père.

L'être se polarise en quelque sorte et se manifeste
sous une double forme : un être parfait, des êtres à
tous les degrés ; un être parfait, premier-né de l'être
et sa manifestation suprême, souverain Esprit par qui
existent tous les êtres suivant leurs idées, et par qui
entendent toutes les intelligences.

Réalisation première du principe de l'être, par lui-
même il se réalise, et il réalise les autres êtres ; il
existe par lui-même, les autres existent par lui.

Ce n'est pas en lui que les autres sont contenus,
mais dans la puissance qui est sa substance comme la
leur, dans l'universel possible : ils ne *sont* pas en lui,

ni même par lui : mais c'est par lui qu'ils *existent*, par le choix qui les réalise, par l'acte qui leur permet de passer eux-mêmes de la puissance à l'acte, qui les fait se produire.

L'être principe est la puissance d'être à l'infini, qui enveloppe toutes les puissances : une première puissance, passant d'elle-même et par elle-même à l'acte, se produisant tout entière sans limites parce qu'elle se produit sans secours comme sans obstacle, réalisant absolument la perfection de l'être : c'est un être, le premier des êtres, acte premier, acte direct de la puissance d'être, acte parfait et parfait être, Dieu ; et les autres puissances, qui ne passent à l'acte qu'autant que la première réalité leur permet de se produire : actes seconds, actes indirects de la puissance d'être, êtres dépendant du premier être, non dans leur virtualité propre, mais dans la réalisation de leur être, non dans leur être essentiel, mais dans leur être réel.

XXII

Dieu est donc un être. Quel être ? Premier, non borné, non empêché ni suscité par aucun autre : il est absolument, infiniment. Que faut-il entendre par là ? Est-il pour cela l'infini, l'absolu ? Non. Il est absolument, il n'est pas l'absolu ; il n'est pas l'intelligible, le nécessaire, l'éternel : il s'y conforme. Il y a une logique éternelle, une justice éternelle ; une éternelle raison, un éternel bien : il n'est pas le bien, il veut le bien ; il n'est pas la raison, il veut la raison. Infiniment bon, infiniment raisonnable : il n'est pas infini, il est infiniment ce qu'il est. Infiniment puissant dans toutes ses facultés : ce qui est infini en lui, ce sont les facultés, les puissances, non leurs actes, ni leurs œuvres : c'est l'intelligence, non la connaissance actuelle ; c'est le pouvoir d'aimer, non l'amour actuel ; c'est le pouvoir de faire, non l'exercice actuel ni le résultat actuel de ce pouvoir. Que l'on considère sa puissance de faire, ou d'aimer, ou de connaître, il est le Tout-puissant, et voilà l'infini qu'il est : non le Tout-faisant, le Tout-aimant, le Tout-connaissant, mais le Tout-puissant, capable de connaître, d'aimer, de faire, s'il le veut, tout ce qui peut être fait, aimé, connu, capable, en un mot, de tout le possible : le Tout-puissant, mais non pas le Tout-être.

Un être est toujours puissance plus ou moins prochaine, plus ou moins éloignée, de tout le possible ; il est, Lui, par essence, puissance prochaine, immédiate, infinie, de tout le possible, mais du seul possible : la toute-puissance n'est point de pouvoir l'impossible. Et du seul possible actuel : car le possible qui ne l'est pas actuellement, est actuellement impossible.

On fait de Dieu l'auteur non seulement de l'existence ou de la réalisation ou de la manifestation des êtres, mais de leur être même ; non seulement des êtres, mais

de leurs lois ; non seulement des lois des êtres, mais
des lois de l'être : on va jusqu'à le faire créateur des
vérités éternelles ! « Les vérités métaphysiques, lesquelles vous nommez éternelles, écrit Descartes, ont
été établies de Dieu et en dépendent entièrement, ainsi
que tout le reste des créatures ; c'est en effet parler de
Dieu comme d'un Jupiter ou d'un Saturne et l'assujettir
au Styx et aux destinées, que de dire que ces vérités
sont indépendantes de lui. »

C'est assujettir un être aux lois de l'être, sans lesquelles nul être ne sera ; mais ce n'est pas l'assujettir
à quelque autre être : les lois de l'être, le Styx et les
destinées dont parle Descartes, ne sont point des êtres,
ni un être : elles régissent l'existence, elles n'existent
pas. Les vérités métaphysiques, éternelles, sont abso-
lues ; elles sont donc indépendantes de tout être, même
de l'être divin : elles sont ces lois de l'être, qui déter-
minent chaque être en sa nature. Elles ne sont ni
créées par aucun être, ni créatrices d'aucun être : elles
sont dans l'essence de l'être. Elle sont divines, au sens
où Dieu est le principe de l'être, et, dans ce sens, ne
se distinguent point de lui, ni comme créatrices, ni
comme créées ; au sens où Dieu est le premier être, il
est un être déterminé dans son existence par les conditions de l'existence. Un être n'est pas l'être. Descartes
pousse jusqu'à ses conséquences extrêmes cette confusion d'un être avec l'être, sans voir que l'être est impersonnel, que, s'il devient personnel, il devient un

être ayant les qualités et les caractères d'un être, régi par les lois de l'être : et tel est le Dieu personnel, conscient, vivant.

Le rapport de ces deux Dieu, qui justifie ou qui explique l'identité du nom pour les deux, est le rapport du parfait à l'absolu : le Dieu vivant, le premier être, est l'être qui existe par sa spontanéité propre, le principe de l'être se réalisant, l'être absolu se manifestant en un être parfait. Mais un être, non l'être. Celui qui est le premier, car il en faut un ; et tel que le premier doit être : indépendant de tous les autres, qui n'existent pas encore, non du principe, qu'il manifeste, non de l'être, qu'il réalise ; possédant pleinement toutes les énergies de l'être ; sans bornes dans toutes ses facultés ; que nul être ne limite : l'impossible, qui le limite, n'est pas un être, ni rien de l'être.

XXIII

L'athée demandera : Pourquoi faut-il un premier être ? Ne se peut-il pas que la série des êtres existe sans un premier être, comme une suite sans commencement ni fin ? — Éternelle et progressive, c'est une contradiction : l'évolution, qui n'aurait pas commencé, serait achevée de toute éternité. Chaque instant de la durée couperait l'éternité en deux, celle qui précède, celle qui suit : autre contradiction. Nous n'avons pas l'éternité derrière nous ; et celle que nous avons devant nous n'est que le possible à l'infini d'une durée qui ne l'épuisera jamais, qui jamais ne la réalisera. Rappelons d'autres contradictions déjà signalées (xvi), d'un indéfini réalisé, ou d'un infini divisible, d'un nombre sans premier terme.

Il y a donc un premier terme de la série, un premier être : par lui-même, puisqu'il est premier, et parfait, puisqu'il est par lui-même : parfait, c'est-à-dire qu'il possède par essence non le *minimum*, mais au contraire le *maximum* de l'être : car qu'est-ce qui pourrait empêcher quelque chose de l'être possible d'être en lui ? parfait, c'est-à-dire qu'il est tout ce que peut être un être. Il est le Tout-puissant, j'entends le puissant de tout le possible.

Dieu ne peut donc point l'impossible : ni l'impossible absolu, ni l'impossible actuel. Si, par une hypothèse que nous n'examinerons pas (ne compliquons pas les problèmes), si, dis-je, par hypothèse, les déterminations futures de nos volontés libres ne sont pas actuellement connaissables, il ne les connaît pas actuellement, sans que cette limite nécessaire ôte rien à son infini pouvoir de connaître : l'infinité de la puissance n'est point celle de l'acte ; et, encore une fois, ce n'est pas l'acte qui est infini, c'est la puissance.

Comme c'est la puissance qui est infinie, c'est elle aussi qui est éternelle, immobile, immuable ; l'acte ne l'est pas. La puissance infinie se produit par des pen-

sées, des sentiments, des œuvres finies : ici donc est
la succession, le changement, le mouvement, le temps.
Le *devenir*, qu'on a mis dans l'être divin, n'est pas en
Dieu, mais il est dans l'action de Dieu. Dieu ne devient
pas, il est : son être est éternel, son action est successive. La conscience qu'il a de lui-même est d'un être
parfait, infini dans sa puissance prochaine, immédiate,
de toutes choses, fini dans la suite de ses actes : il se
sait Tout-puissant, il est conscient de sentiments, de
pensées, de volontés, déterminées et par là même bor-
nées, d'actions dont l'œuvre multiple a ses limites nécessaires. L'infini d'extension n'est que du possible illimité, non du réel : toute réelle grandeur est à l'infini
de l'infini, puisqu'on en peut toujours concevoir une plus
grande que la plus grande ; et toute réelle petitesse
est à l'infini de zéro, puisqu'on en peut toujours concevoir une plus petite que la plus petite : toute réelle
quantité se compose d'un nombre fini d'éléments finis,
toute réelle quantité est finie ainsi que ses éléments :
toute suite de pensées, suite déterminée de pensées
déterminées, est une suite finie de pensées finies. Le
parfait est un infini réel : mais c'est un infini intensif,
non d'extension : une puissance infinie ; une faculté
infinie, pouvoir infini de faire le fini : la Force infinie,
qui se produit par la réalisation croissante et progressive, toujours finie, du possible à l'infini : l'être parfait, qui se manifeste à lui-même et s'affirme dans sa
propre existence par l'existence du monde.

On demande comment l'infini et le fini coexistent ?
Leur coexistence incompréhensible semble contradictoire ? Point. Elle est nécessaire. L'infini ne peut que
le fini, mais le peut sans limites : c'est par le fini qu'il
se manifeste infiniment : puissance infinie, par des actes
finis, à l'infini.

XXIV

Dieu, créant le monde, ajoute-t-il quelque chose à
lui-même? Comme être, non : qu'ajouter à l'être absolu ?
Mais comme être personnel. Il ajoute à son être parfait des êtres perfectibles. C'est qu'il se manifeste et
se produit lui-même, il prend conscience de lui-même,
il affirme son propre être par l'affirmation de l'être
des puissances que l'être enveloppe, permettant ou pro-
voquant ou, pour mieux dire, suscitant le déploiement
progressif, à l'infini, des puissances de l'être.

Il ne sort pas d'un repos éternel pour créer le monde :
car il n'est lui-même qu'autant qu'il se produit, et ne
se produit qu'autant qu'il produit le monde : il est au
monde comme serait l'âme à un corps vivant dont elle
appellerait et disposerait les éléments pour s'affirmer
en eux.

Qu'est donc l'être avant que le monde soit, et que
se passe-t-il pendant l'éternité qui le précède ? Rien :
l'être n'est que puissance, et il n'y a pas d'avant. La
durée commence avec le monde. La priorité du prin-

cipe de l'être sur le premier être n'est qu'une priorité logique ; celle du premier être sur les autres est celle d'un premier terme qui ouvre une série : il est suivi, non précédé. La durée est le déroulement de la série ; la possibilité de la durée à l'infini est le temps, et c'est une possibilité qui ne se réalise que par le déroulement de la série, qui ne se manifeste que par l'existence du monde.

Certes, on ne se représente pas un premier terme suivi sans être précédé, un absolu premier ; on ne l'imagine pas : car on n'imagine, on ne se représente que des formes, telles que les donne l'expérience, qui ne donne point de commencements premiers non plus que de fins dernières, mais des milieux. On ne l'imagine donc pas, on l'entend. L'intelligible n'est pas le représentable. L'origine de la durée n'est pas représentable, elle est intelligible : la raison conçoit la nécessité d'un premier terme de la série des choses.

Ne disons pas que Dieu, s'il a rempli l'infinité de l'espace, a dû remplir l'infinité du temps : il n'a rempli ni l'une de ces deux infinités, ni l'autre : car elles n'existent pas. Ni l'espace n'existe, ni le temps : mais des êtres possibles à l'infini, capables de se produire sans fin dans l'espace et dans le temps, — sans fin, disons-nous, c'est-à-dire sans remplir jamais ce qui n'est que possibilité pure.

On aime à répéter aujourd'hui que « la conscience » moderne ne peut plus accepter qu'un Dieu immanent,

» ou le Dieu des lois éternelles de la raison (Hartmann) »; que « tout ce qui est, tout ce qui vit, est le produit de » forces possédées à l'origine par la substance univer- » selle (T. Huxley) » : cela est vrai, et nous le répétons à notre tour. Mais il faut l'entendre ; et le Dieu imma- nent n'exclut pas le Dieu transcendant, le premier être conscient d'un infini pouvoir dont l'œuvre est toujours finie, le premier-né de l'être, Père du monde.

XXV

Un tel Dieu est providence, par conséquence de son être : s'il se produit en produisant le monde, il ordonne ce monde, et le conforme à soi-même : à la justice, à la raison, au bien. Il met un infini pouvoir au service d'une parfaite volonté du bien.

Il n'y a point d'événements providentiels parmi des événements naturels : tous les événements sont natu- rels et providentiels à la fois. Nous appelons naturels ceux qui résultent des antécédents : mais ils ne sont pas moins providentiels, avec leurs antécédents, avec la nature ; et nous appelons providentiels, ou même surnaturels, ceux que leurs antécédents, d'ailleurs né- cessaires, ne suffisent pas à expliquer sans l'interven- tion d'une action directe du vouloir divin : mais ils ne sont pas moins naturels par les antécédents dont ils ne sont que la mise en œuvre, comme ceux qui résultent d'une application de notre libre volonté aux choses.

De tels événements se produisent-ils ? Peuvent-ils se produire ? — Ils peuvent se produire, puisque Dieu est un être ayant des pensées déterminées, des volontés particulières, un être conscient et vivant dans le monde ; et nul doute qu'ils ne se produisent, quand la sagesse de l'être infiniment bon, de l'être parfait, le demande.

Mais, quand il n'y aurait pas lieu de reconnaître « Dieu dans l'histoire (Bunsen) », quand l'action de Dieu ne serait pas visible hors de nous, elle est sensible en nous : sans lui, affaiblis par le péché, diminués dans notre force et dans notre être, où trouverions-nous la force perdue, nécessaire au rétablissement de notre être? Il peut répondre à nos prières, et nul doute qu'il n'y réponde ; mais, quand il n'exaucerait pas celles qui lui demandent le bonheur terrestre, il exauce très certainement celles qui lui demandent assistance pour nos âmes. Comment, quand nous sommes tombés, nous relèverions-nous sans l'appui de sa main ? Il ne nous le refuse pas. Quand il ne serait pas qu'il intervient au dehors de nous par le miracle historique, du moins intervient-il en nous-mêmes par cet autre miracle, tout psychologique celui-ci, qui est la grâce.

XXVI

La nature de Dieu une fois comprise, l'objection tirée contre sa providence du mal qui existe dans le monde tombe. Ou il veut, dit-on, ôter ce mal, et ne le peut ; ou il le peut, et ne le veut : méchanceté dans la dernière hypothèse, ou, dans la première, impuissance. On ajoute un troisième cas, fort inutile : celui où il ne pourrait ni ne voudrait, impuissant et méchant tout ensemble. L'un ou l'autre suffit.

Je réponds qu'on se méprend sur l'infinité de la puissance : elle n'est pas de tout faire, mais de faire tout le possible ; et non tout ce qui est absolument possible, mais tout ce qui l'est actuellement.

Dieu veut détruire le mal qui existe, car il veut le bien, et ne veut que le bien : c'est donc en dehors de lui, indépendamment de lui, malgré lui, que le mal existe.

Le mal n'est pas le défaut de l'absolue perfection, mais de cette perfection relative qui est l'harmonie d'un être en rapport normal avec ce qui l'entoure et avec lui-même : l'être qui, en lui-même et dans sa libre volonté (dans l'action de sa volonté, ou dans la disposition qui en résulte pour la suite), n'est pas ce qu'il doit être, pèche ; l'être qui n'est pas en relation avec son milieu comme il doit l'être, souffre : souffrance et péché, c'est le mal. Comme le bien est ce qui doit être, le mal est ce qui ne doit pas être : qui le veut, pèche ; et qui le subit, souffre. Le mal n'est pas le non-être, ni le moindre être, mais l'amoindrissement de l'être : qui est l'auteur de cet amoindrissement pèche, qui en est victime souffre. C'est donc le péché qui fait la souffrance, mais c'est l'être libre qui fait le péché : ce n'est pas Dieu.

Dieu donc ne fait pas le mal, ni ne l'empêche : comment le pourrait-il, si le péché est une conséquence possible de la liberté, et la souffrance une conséquence nécessaire du péché ? Comment le pourrait-il sans attenter à la liberté de l'être ?

Dieu ne fait ni n'empêche le mal : le mal existe : Dieu veut l'ôter, mais ne peut ; et l'ôte, en effet, de la manière qu'il le peut. Comme il est créateur, il est rédempteur : rédempteur de tout mal, auteur de tout bien, en concours avec toutes les bonnes volontés unies à la sienne, ses libres coopératrices dans l'une comme dans l'autre de ces deux œuvres divines. Ceci ne tardera pas à être expliqué.

XXVII

L'être, avant d'être, est puissance d'être : intelligence, amour, activité : volonté d'agir, avant d'agir ; d'aimer, avant d'aimer ; de connaître, avant de connaître ; volonté d'être, avant d'être.

Il se veut donc, par une volonté qui s'ignore, avant de se connaître, et de rien connaître ; avant de savoir ce qu'il sera : il sera ce qu'il pourra être. Quand il se connaîtra volonté, il sera liberté, c'est-à-dire volonté se déterminant elle-même, agissant d'elle-même, indépendante, et maîtresse de son vouloir.

Tous les êtres possibles sont, mais non tous les rapports possibles des êtres, car ces rapports ne peuvent se produire qu'à l'exclusion les uns des autres : si l'on tourne à gauche, on ne tourne pas à droite ; si l'on agit d'une manière, on n'agit pas de la manière opposée, et la manière dont on agit a pour jamais des conséquences qui pour jamais empêchent celles de l'action qu'on n'a pas faite. Dieu a le choix de l'ordre d'apparition des êtres possibles, et le choix des rapports possibles entre eux, jusqu'à ce que, leur volonté déployée et devenue liberté, il le leur laisse à eux-mêmes, avec les conséquences éternelles de leurs actes.

L'être donc, dès qu'il rencontre un milieu tant soit peu favorable, dès qu'il trouve, à peine suffisantes, les conditions qui lui permettent de réaliser sa puissance d'être, est. Il a sa cause en lui, sa fin en lui ; il se doit à lui-même, plus ou moins avorté ou développé, son être ; dans un sens, il est par lui-même : et c'est pourquoi, quand il se connaît, quand il sait ce qu'il est, il est libre. Dans un autre sens, il est par ce qui le fait être, par ce qui lui permet de réaliser sa puissance d'être, il est par son contraire : il a sa cause prochaine, sa fin prochaine, hors de lui ; sa cause première et sa fin dernière en Dieu.

Les êtres sont toujours tout ce qu'ils peuvent être. De là le combat pour la vie... ne disons pas douloureux ni mortel : il pourrait être à armes courtoises, dans un monde harmonique, dans un monde qui n'est

pas le nôtre ! Le nôtre, on le verra, n'est pas le monde
voulu de Dieu, et son œuvre primitive. Disons plutôt, le
débat pour la vie, la sélection naturelle, l'adaptation
aux milieux, la transformation d'un même être s'élevant, à mesure qu'il se déploie en ses puissances, de
degré en degré, d'espèce en espèce. Il évolue d'organisme en organisme, se formant d'abord un organisme
rudimentaire, puis, dans ce premier organisme, un
autre, et dans celui-ci un autre, se façonnant des organismes nouveaux et supérieurs, selon qu'il se développe en soi : la raison de l'évolution qui se manifeste
par la transformation des espèces est dans le développement même de l'être.

Si un être peut se façonner ainsi à lui-même la suite
de ses organismes, ce n'est point par son intelligence
propre, mais par un instinct, qui est l'intelligence
divine en lui.

Les espèces ne sont point telles par essence, comme
types absolus et irréductibles de l'être : elles sont les
degrés de l'être.

XXVIII

Il y a une première substance, puissance d'être ;
une première puissance, qui enveloppe toutes les autres. Celles-ci, réalisées, sont les êtres. Chacun de ces
êtres a l'infinité, dans la mesure où le fini la comporte :
non réelle, mais virtuelle. Chaque être est fini réelle-

ment, virtuellement infini : destiné à se développer, à s'accroître, à grandir dans l'être, par un éternel progrès. Chaque être est une manifestation de Dieu ; chaque être exprime une des idées qui sont le Verbe de Dieu, et, comme l'idée est infinie, l'exprime infiniment.

La grande cause de tout ce qui est, cause unique et souveraine, puisque tout se rattache à elle, cause infinie, puisqu'elle est capable de tout ce qui peut être, et qu'elle n'est donc bornée en sa puissance causatrice que par ce qui ne peut pas être, par l'absolu néant, est Dieu. Tous les êtres qui en sont les effets sont proportionnés et en eux-mêmes et dans leur fin à une pareille cause. Si donc leur être actuel n'est pas infini, leur être virtuel est infini, et leur fin infinie. Si l'effet d'une cause infinie ne peut pas être actuellement infini, du moins il y a quelque chose d'infini en lui : c'est son idéal, qui est un infini relatif ; c'est sa tendance, qui le pousse vers Dieu ; c'est sa fin, qui n'est autre que Dieu lui-même ; c'est la loi qui lui est faite d'un progrès dont le dernier terme ne saurait être qu'en Dieu seul.

Tout être porte en soi un idéal, qu'il atteindra, et qu'il dépassera pour atteindre plus tard un idéal supérieur, qu'il dépassera encore pour atteindre encore plus tard un autre idéal supérieur, sans jamais se reposer, jusqu'à ce qu'il se repose en Dieu. Tout être est, en soi, c'est-à-dire dans son type absolu, une manifestation de Dieu ; mais qu'est-ce qu'une manifestation de l'infini qui ne participerait pas, dans la mesure d'un être fini, de l'infini? Le fini possède l'infini, non dans l'instant, mais dans le temps ; non dans la réalité, qui disparaît aussitôt qu'elle a paru, mais dans son impérissable virtualité. Il s'accroît dans son être, en demeurant fondamentalement ce qu'il est ; il ne perd jamais, il gagne toujours. Le temps lui est donné, le temps illimité, pour qu'il réalise peu à peu, jusqu'à ce qu'il puisse accomplir un jour la perfection de son être, l'infini qu'il porte en soi.

L'idéal de l'être inférieur, c'est l'être vivant : il y arrivera. L'idéal de l'être vivant, c'est l'être sensible : il y arrivera. L'idéal de l'être sensible, c'est l'être libre : il y arrivera. L'idéal de l'être libre, c'est l'être impeccable : il y arrivera. L'idéal de l'être impeccable, quel est-il ? Là s'arrête l'horizon à nos yeux ; le reste de la série nous échappe. Mais cet idéal, quel qu'il soit, existe, et l'être impeccable y arrivera quand le jour en sera venu : alors même il ne sera point parvenu à l'extrémité de son éternel progrès, dont le dernier terme est en Dieu, en Dieu seul.

Car notre progrès, pour être éternel, ne comporte pas moins un dernier terme : il s'arrête à l'éternel, à l'infini, à la perfection de l'être, à Dieu. L'être devenu parfait possède à jamais, dans leur infinité, toutes les facultés de l'être.

Si le principe de causalité veut une première cause, le principe de finalité ne veut-il pas une dernière fin ?

Elle existe, cette fin dernière ; et elle n'est pas autre que la première cause, Dieu. Nous venons de Dieu, et nous allons à Dieu. Tout être est une participation de l'être divin : notre dernière fin est la conscience de cette participation : la vision de Dieu, avec la coopération à l'œuvre de Dieu.

Telle sera la perfection de notre être : un partage de la vie divine, une intime association avec Dieu, une possession de Dieu, une communication de l'infini, mais sous la forme du fini, dans le déploiement et le mouvement continu d'une activité personnelle.

XXIX

Le progrès va du général au particulier. L'être sans déterminations, comme la substance sans modes, est un néant. Plus un attribut convient à un grand nombre d'êtres, moins il caractérise les êtres : un être est plus élevé à mesure qu'il est caractérisé par plus d'attributs, et moins généraux. Le plus élevé a des attributs qui lui sont propres et qu'il ne partage avec nul autre, mais où se réunissent tous les attributs de tous les êtres : unique et universel.

La nature monte de l'inférieur au supérieur. Mais si le supérieur a sa racine, son origine ou son point de départ dans l'inférieur, il n'y a pas son principe et sa raison, je veux dire sa cause ni sa fin : si les termes successifs de la série s'engendrent les uns les autres, celui qui précède engendrant celui qui suit, l'inférieur le supérieur, ce n'est point par une force causatrice qui lui soit propre, car le moins ne saurait contenir le plus, mais en vertu d'une loi générale émanée d'une cause première, universelle et unique, qui domine le tout.

L'homme sort de l'animal, mais il en est la fin : il est la raison et, par suite, le principe de l'animal. Principe et raison, cause et fin secondes : un premier principe et une dernière raison, une dernière fin et une première cause, seule cause efficiente du tout, meut l'univers.

A mesure qu'on s'élève dans l'échelle des genres, on les trouve de moins en moins extensifs, de plus en plus compréhensifs, c'est-à-dire qu'ils contiennent moins d'êtres, mais des êtres plus déterminés, plus complexes, plus vivants, jusqu'à Dieu, genre à part, qui n'est qu'un seul être, et qui égale l'être même.

XXX

Il faut considérer dans un être trois éléments : le moi, le non-moi, et l'union de ces deux contraires en un seul être. Le moi est le fondement, la force propre, la *monade*, substance de l'être ; le non-moi, le groupe ou l'ensemble des forces autres que lui, qui s'opposent à lui, et, pour le déterminer, le limitent. Le moi virtuellement infini, mais incapable de se manifester, de se produire, de vivre, sinon par cette opposition même avec le non-moi qui le détermine ; le lien des deux, la prise de possession du non-moi par le moi, c'est la connaissance ou le sentiment qu'a le moi de lui-même ainsi déterminé, c'est la conscience, l'être en tant qu'il s'affirme, la personne.

La monade attire une autre monade, de même degré, de qualité contraire : elle marque son être par l'action qu'elle exerce sur l'autre et par la résistance qu'elle en éprouve ; elle se manifeste, elle s'exprime par l'autre : mais comme l'autre est une force égale qui s'oppose à elle, elles ne se peuvent identifier, elles ne s'unissent que pour un temps. D'ailleurs la monade est destinée à exprimer tour à tour, par une suite de manifestations sans fin, son être inépuisable. Infinie qu'elle est dans son fond, elle a toutes les qualités, toutes les vertus, toutes les gloires, en puissance ; elle est susceptible de toutes les manières d'être, à l'infini ; et comme elle ne peut se manifester en ses qualités, s'affirmer en ses manières d'être, que par son union avec d'autres monades, elle s'unit tour à tour avec toutes celles qui répondent à son être, avec toutes ses contraires.

Chacune a donc tour à tour toutes leurs qualités, mais à son point de vue propre, car chacune diffère de toutes les autres essentiellement, pour en différer subs-

tantiellement, pour être une puissance particulière d'ê-
tre, un être particulier : sans quoi elles ne seraient
pas plusieurs, mais une seule, une seule essence, une
seule substance, une seule puissance, un seul être. Chacune est un point de vue particulier et fini de l'être infini : chacune est donc finie par le point de vue qui la
constitue distincte des autres, infinie par l'être qu'elle
contient et qu'elle porte en soi. C'est pourquoi elle a
toutes les qualités de l'être, vie, amour, intelligence,
en germes qu'elle développe par son union successive
avec les autres ; et, à mesure qu'elle aura gagné une
des qualités de l'être, elle ne la perdra plus (sauf acci-
dentellement et pour un temps, s'il y a lieu).

A l'origine donc, elle attire une autre monade, d'un
caractère contraire au sien : car elle n'a pas besoin du
semblable, mais du contraire, pour se compléter, pour
établir en soi l'autre pôle de son être. Elle en prend le
caractère, et lui communique le sien. De sorte qu'elle
s'affirme par son opposition avec son contraire, lequel
est elle-même, puisqu'il est caractérisé par une qualité
qu'il ne fait que développer en elle, mais qui s'y trou-
vait déjà ; puisqu'il en prend aussi le caractère, par la
réciprocité d'action : les deux sont un, jusqu'à ce que,
chacun d'eux s'étant développé en la qualité de l'autre,
ils s'échappent l'un à l'autre.

La monade alors, la force primitive, ayant grandi,
unit à soi, pour exprimer son être nouveau, une monade nouvelle et supérieure ; ou plusieurs dont l'en

semble l'égale elle-même : peu à peu elle groupe autour
d'elle, elle s'assimile, elle organise tout un système. Ce
système est le corps qui la manifeste.

L'âme se fait son corps : non qu'elle en crée les éléments, ni les organise par une intelligente et consciente
volonté, mais elle crée, par un instinct divin, le tout
qui l'exprime ; elle meut, par l'attraction qu'elle exerce,
les monades constitutives du système qui parle son
être. Elle s'élève, égalant tour à tour de sa force unique les systèmes de plus en plus forts, de plus en plus
riches, de plus en plus complexes qu'elle se façonne, à
une conscience de plus en plus complète de soi : jusqu'au terme où elle aura une entière conscience de son
être infini : jusqu'au terme où cette conscience de tout
son être, pleine possession de soi, sera possession de
Dieu.

XXXI

Telle est donc l'âme, et tel est le corps. L'âme est
ce qui a conscience de soi, le corps est l'autre, le
contraire uni à elle pour la déterminer et l'exprimer
en son être fini.

Telle est la matière. Elle est ce qui tombe sous les
sens : l'être qui connaît se connaît soi-même par autre
chose qu'il connaît en lui, le moi par le non-moi : c'est
le non-moi qu'il connaît par les sens, et ainsi l'esprit
est le moi, la matière est le non-moi.

Tout être est pour soi-même esprit, et pour autrui matière ; nous ne percevons rien hors de nous que matière, et les esprits mêmes, dès qu'ils entrent en communication avec nous, revêtent pour nous un aspect matériel. La matière leur est nécessaire, et pour se connaître, et pour être connus. On les distingue de la matière qui ' les exprime, de même qu'on distingue l'idée du mot ou du signe dont elle se revêt ; mais, de même que l'idée n'est pas manifestée sans le mot, l'esprit sans la matière demeure latent.

Et comme l'homme, qui ne pense que des rapports, ne perçoit aussi que des étendues, la matière est pour nous l'étendue, ou la multiplicité simultanée des monades.

Et comme enfin l'esprit est ce qui a conscience de soi, l'activité consciente, la matière est le groupement inconscient de monades, d'activités, où naît à peine la conscience.

Toute monade, en effet, étant une force, est un esprit, soit en puissance, soit en acte. Car qui dit force dit principe d'activité ; une action a un objet et un but, une fin en rapport avec le principe : la fin d'une action peut être ignorée de l'agent, quand celui-ci n'est que l'instrument d'un autre d'où part l'action, mais elle ne peut l'être de l'agent d'où part l'action : et ainsi qui dit principe d'activité dit principe d'intelligence. Entendons une intelligence toute spontanée, incapable de se replier sur soi, et qui ne se connaît encore que sous le mode sentiment. Telle est la conscience des êtres inférieurs ; la vraie conscience, raisonnante et réfléchie, ne s'éveille que dans l'homme.

L'esprit et la matière ne diffèrent que d'aspect. La monade à peine consciente, puissance de premier degré, sourde volonté d'être, est matière ou élément de matière ; un jour elle sera esprit. La monade prise en soi, à part des autres sur lesquelles elle agit et qui agissent sur elle, est esprit, en puissance ou en acte ; un agrégat de monades est matière. La monade enfin, consciente de soi, est esprit pour elle-même ; elle est matière dans le rapport à d'autres formant ensemble et avec elle une masse perceptible à autrui.

Qu'on se figure une monade attirant à soi une autre qui en entraîne beaucoup d'autres à la suite, ou plusieurs autres dont chacune en attire d'autres encore : une foule de monades groupées autour de plusieurs monades sous-centrales, subordonnées entre elles, et toutes ensemble à la monade centrale qui est l'âme. L'âme n'agit ainsi directement que sur un certain nombre de monades, centres inférieurs, qui agissent sur d'autres à leur tour. Elle est présente de la sorte à toutes les monades constitutives du corps, mais par l'intermédiaire de ces centres inférieurs : et c'est pourquoi elle n'a pas conscience des phénomènes de son propre corps ; mais les monades sous-centrales ont conscience de ce qui échappe à l'âme. Le corps est un composé d'animaux qui vivent à la fois et d'une vie commune, sous la direction suprême de l'âme, et d'une vie propre, chacun selon sa fonction ou sa nature : chacun ayant son âme, subordonnée à la grande âme rectrice de tout l'organisme. L'âme, agissant sur ces âmes secondaires, en subit aussi l'action ; et de cette action et de cette opposition réciproques résulte sa vie.

Le corps et l'âme sont donc les deux pôles de l'être humain. Les monades extérieures agissent sur le corps, qui agit sur elles : sensibilité, mouvement ; et le corps agit sur l'âme, qui agit sur lui : intelligence, volonté. Le corps étant un animal, ou une association d'animaux, a sa vie dans la vie de l'être : de là une sensibilité que ne suit pas l'intelligence dans l'âme inattentive, et de là un mouvement où l'âme n'a point de part. Comme il arrive que le corps sent quelquefois sans que l'âme pense, et quelquefois se meut par action réflexe, ou par suite de ses propres instincts, sans que l'âme ait voulu, d'autres fois c'est l'âme qui, sans que le corps ait senti, pense, ou qui veut sans qu'il se meuve. Tel est le jeu complet de la vie de l'être, que la sensibilité passe à l'âme en intelligence, que l'âme à son tour veuille, et que le corps se meuve pour lui obéir.

XXXII

Comment les substances peuvent-elles agir les unes sur les autres ? C'est qu'il n'y a, au fond, qu'une substance, qui est comme le sol où toutes les substances particulières ont leurs racines, et d'où elles puisent toutes ensemble tout leur être, toute leur vie. Les termes contraires, se supposant et s'impliquant les uns les autres, sont donc identiques : cette identité dans la contrariété des termes, c'est la consubstantialité dans l'opposition des substances : distinctes et unies, et ce sont les contraires qui se reconnaissent l'une dans l'autre, et chacune ce qu'est l'autre, ce qu'elle était elle-même dans son être inaperçu.

Il ne faut pas dire qu'une substance, en agissant sur une autre, passe dans l'autre : cela est vrai, mais, par métaphore ; ni qu'elle y produise un effet : cela est vrai, mais non directement.

Les divers points réels, les divers êtres dont se compose un corps, agissent tous ensemble, dans l'ordre de leur coexistence, sur mes organes, par mes organes sur mon cerveau, par mon cerveau sur mon âme, sur moi-même : j'éprouve une sensation multiple, une foule de sensations simultanées, mais selon un certain ordre, et concourant pour une sensation totale : je les éprouve simultanément sans que ma simplicité en soit altérée, de même que j'en éprouve une foule successivement sans que mon identité en soit troublée. Une telle multiplicité ne divise pas l'âme, parce que c'est une multiplicité de qualités, non de substances ; d'effets, non de causes. Il y a dans tout corps une multiplicité de substances et de causes, mais elles ne passent pas en l'âme : elles n'y produisent, ou n'y provoquent à se produire, qu'une multiplicité d'affections.

Car, quelle est la nature de l'action du cerveau sur l'âme ? Le cerveau produit-il dans l'âme la sensation ? Non, mais provoque l'âme à sentir. La sensation est-elle un fait apporté du dehors et par le dehors dans l'âme ? Non, mais un développement de l'âme sous l'excitation du dehors, qui ne fait que lui fournir, pour ainsi dire, les conditions d'une éclosion incessante. L'être extérieur a-t-il un autre rôle à remplir que d'avertir l'âme qu'elle possédait à son insu, qu'elle porte dans son fond, les mêmes caractères que lui ? Non, car les sensations manifestent à la fois l'âme à elle-même et l'être extérieur à l'âme : elles sont donc, ou elles signifient, à divers titres, qualités de l'une et qualités de l'autre. Si l'être extérieur avertit ainsi l'âme des qualités qu'ils possèdent l'un et l'autre en commun, est-ce en lui présentant des qualités semblables ? Non, mais des qualités contraires, qui l'invitent à se compléter par ces mêmes qualités qu'elle avait, mais qu'elle n'apercevait pas, qu'elle ne sentait pas encore en elle. Et c'est la loi, non-seulement de la communication des forces ou des substances constitutives du corps avec l'âme, mais de toutes forces, de toutes substances entre elles, qu'elles s'excitent sans cesse l'une l'autre à devenir l'une ce qu'est l'autre et qu'elle était elle-même d'une manière latente.

Il n'y a pas deux essences de l'être, il n'y en a

qu'une : il n'y a donc, au fond, qu'un seul être. Les caractères de l'être appartiennent à tous les êtres : sans quoi il y aurait des êtres auxquels manquerait quelque chose de l'être, des êtres qui ne seraient pas des êtres, des êtres qui ne seraient pas. Donc, ou, absolument, il n'y a qu'un être : ce qui est faux, nous sommes plusieurs ; ou tous les être sont, au fond, identiques, c'est-à-dire que tous possèdent l'être, sans autre différence entre eux que la forme et le degré de leur développement.

XXXIII

Il est donc vrai, et Leibnitz a bien vu, que les êtres se développent par une action interne ; il est vrai que chacun de nous est un miroir de l'univers, et que nous arrivons à la connaissance de l'univers par une conscience progressive de nous-mêmes ; mais Leibnitz n'a pas assez vu que, si nous devenons, c'est par l'action combinée et de nous-mêmes, et d'un non-moi suscitateur de notre propre être, et de l'être unique, infini, qui réside substantiellement en nous, de l'être dont notre propre être n'est lui-même qu'un emprunt.

L'action de notre vouloir met dans les formes et dans les degrés du développement de notre être des différences incompatibles avec tout système d'harmonie pré-établie : l'harmonie, qui existe, en effet, dans l'univers, dépend, pour une large part, de nous-mêmes : les ré-

sultats de nos volontés entrent dans l'ordre du monde.
Car ils sont prévus, ou prédéterminés : non que nos
volontés particulières le soient, puisqu'elles sont libres ;
mais toutes les volontés doivent se produire. Si ce n'est
celui-ci qui, dans un temps donné, voudra telle forme
de bien ou de mal possible en ce temps, ce sera celui-
là, mais ce sera quelqu'un. Chacun est libre : mais,
dans le jeu de toutes les libertés, tous les effets possibles de la liberté auront leur tour. Tous les possibles
de la liberté seront réalisés en leur lieu, en leur heure:
que ce soit par l'organe de tel être ou de tel autre, il
importe infiniment à la vertu et au bonheur de l'être
qui aura choisi le bon ou le mauvais vouloir ; mais il
n'importe à l'ordre du monde.

Point d'harmonie préétablie où les volontés indivi-
duelles n'aient leur juste part. Et, d'un autre côté, si
les êtres ne peuvent devenir sans l'action d'une puissance infinie qui réside la même en tous, unique auteur
de leur devenir comme de leur être, ils deviennent solidairement, par l'incessante action des uns sur les autres : quelle action ? Une excitation. Une substance ne
produit pas dans une autre un effet, mais excite l'autre
à le produire en elle-même : chaque substance est cause
des phénomènes révélateurs de son propre être, en
vertu de l'être qui est en elle, et sous l'excitation d'autrui.

Mais exciter une autre substance, n'est-ce pas agir
sur elle ? Oui, sans rien produire en elle directement,

sans passer en elle. Mais n'est-ce pas là encore une communication entre substances ? Et comment se conçoit-elle ? Par la solidarité des substances, distinctes à la surface, identiques dans le fond de leur être, unes dans l'être unique, absolu, que tout contient comme il contient tout ; parce qu'elles sont puissances ayant pour principe commun une même puissance infinie qui est l'être universel.

XXXIV

L'être est à la fois, pour l'intelligence, le vrai ; pour la sensibilité, le beau ; pour la volonté, le bien. Il appartient à l'intelligence de le comprendre ; à la sensibilité, de l'aimer ; à la volonté, de le réaliser, de le faire. Il sera compris, et c'est la tâche de la philosophie, s'il se montre à la raison ; il sera aimé, et c'est la tâche de l'art, il attirera les cœurs, il élèvera les âmes, s'il se fait sentir dans une forme visible, expressive de l'invisible idéal : alors il sera voulu, et il pourra être fait. Pour le vouloir et le faire, il faut le comprendre, il faut l'aimer : il faut, pour le comprendre, le contempler dans la vérité, c'est-à-dire dans l'intelligibilité de l'être ; il faut, pour l'aimer, le contempler dans la beauté, c'est-à-dire dans la splendeur de la vivante image où se reflète la perfection de l'être.

Comme Dieu, au sens où il est Principe de l'être,

est l'être de toutes choses, il est aussi la raison de toutes choses, étant la loi de la force qui les détermine en leur être ; et il éclaire toutes les intelligences. Toute raison est une communication de la raison de Dieu, comme tout être est une communication de l'être de Dieu. La création est une participation de l'être unique par les êtres divers. qui ne sont tirés du néant, qui ne passent du néant à l'être, qui de néant qu'ils étaient ne deviennent des êtres, ou qui de pures puissances d'être ne deviennent des êtres actuels, qu'en vertu de cette participation même. Chaque être est un être d'emprunt, par lequel Dieu, qui lui prête son propre être, exprime une des idées comprises dans son Verbe.

L'homme est donc une expression du Verbe de Dieu : hélas ! bien imparfaite ! une des plus hautes néanmoins qui se puissent concevoir. Tout être est divin ; mais l'homme l'est excellemment : l'homme est un dieu, car il est maître de son vouloir, capable d'un bien qui sera son œuvre, auteur et comme créateur de son être futur : il est libre.

Nous voulons naturellement le bien, qui est l'être ; mais nous pouvons, entre diverses formes de l'être, faire un bon ou un mauvais choix: ayant à choisir entre deux biens, choisir un bien supérieur, ou choisir un bien inférieur, et sacrifier plus d'être à moins d'être, mais plus commode ou plus agréable : selon que notre action tend à l'accroissement ou à l'amoindrissement de l'être soit en nous soit hors de nous, nous agissons bien, ou nous agissons mal.

Nous avons donc un pouvoir de faire le bien, de faire le mal : c'est le même pouvoir ; nous avons un pouvoir de faire le bien, qui est un pouvoir de faire le mal, pour que nous soyons nous-mêmes les auteurs de notre bien, pour que, destinés à la félicité, nous en soyons dignes : et c'est alors que nous la possèderons. Nous ne sommes point ici-bas pour être heureux, mais pour mériter de l'être. Notre loi n'est pas de recevoir le bonheur, mais de le conquérir. Quand nous l'aurons conquis, il sera nôtre. Nous serons heureux d'un bonheur qui sera notre œuvre. Nous jouirons d'un être dont nous créons la forme, dont nous aurons fait nôtre tout le bien, par le constant effort d'une volonté, libre coopératrice de Dieu.

XXXV

Hélas ! hélas ! l'homme pouvait pécher, il pécha. Que furent à l'origine les êtres créés libres, coopérateurs de Dieu, comme l'homme, à leur propre être ? Quel être se sont fait ceux d'entre eux, s'il en existe, qui n'ont point péché ? Quelle perfection de vie ont-ils réalisée, glorieuse et heureuse ? Où vivent-ils ? Quel monde céleste est le leur ? Connaissent-ils l'homme, qui les ignore ? Sont-ils en rapport avec nous ? et quelque lien mystérieux rattache-t-il à notre misère leur félicité ? L'homme pécha ; l'homme qui, libre, pouvait se réaliser dans le bien, se réalisa dans le mal : il se fit ce qu'il est, cet être faible et souffrant, impuissant et coupable, malade qui se tourne et se retourne, comme dans un lit de torture, dans une nature hostile : être mauvais dans un monde mauvais, dieu tombé qui habite un enfer.

Et cependant on veut encore faire le bien : mais qui le fera ? On veut réparer, on veut expier le mal : qui l'expiera ? qui le réparera ?

Mais le mal qu'on a fait, l'a-t-on fait tout entier ? Est-on vraiment coupable de tout son péché ? Quand nous péchons, n'est-ce pas la nature humaine qui pèche en nous, plus encore que nous ne péchons nous-mêmes ? N'y a-t-il pas toujours à faire, dans toutes les actions de notre vie, quelle que soit la part de notre volonté libre, la part immense de la solidarité morale qui nous enveloppe ? La nature humaine aujourd'hui, et depuis le premier acte de la liberté humaine, n'est plus la nature humaine primitive, mais modifiée et, il faut bien le dire, étrangement viciée par la conduite de nos ancêtres : leurs habitudes sont nos instincts ; auteurs de leurs habitudes, ils le sont de nos instincts, de nos penchants naturels, qui nous condamnent à mal faire. Et non seulement nos ancêtres pèsent sur nous. mais notre entourage, mais toute l'humanité vivante : nous sommes jetés dans des formes de société qui nous rendent, malgré nous, complices de crimes en foule. Ne sommes-nous pas les héritiers de tous ces crimes qui sont l'histoire des peuples, auxquels nous devons ce que nous appelons notre grandeur, que dis-je ? notre vie même ? Pouvons-nous répudier notre pays, notre famille ? Pouvons-nous, hommes, répudier la race humaine ? Nous naissons donc, et nous vivons, dans l'impossibilité du bien.

Or, nous voulons le bien ; et, le voulant, nous le faisons. Car vouloir le bien, c'est le faire. C'est faire le bien que faire bien ; et s'efforcer de réaliser le bien, agir en vue du bien, c'est faire bien. Nous faisons donc le bien, et nous ne le faisons pas ; nous le faisons moralement. Nous le voulons, nous ne le réalisons pas. Quand et comment pourrons-nous le réaliser ? Ou qui le réalisera pour nous ?

Et, quand nous péchons, nous ne péchons pas seuls. Notre nature, qui n'est point notre propre œuvre, quoiqu'elle soit, en ce qu'elle a de mauvais, l'œuvre de l'homme, pèche avec nous, autant et plus que nous. Est-il juste que nous soyons punis d'un péché qui n'est pas le nôtre ? Mais est-il juste que ce péché de l'humanité en nous demeure inexpié ? Qui l'expiera ? Qui nous délivrera du péché de l'humanité, pour nous restituer à notre responsabilité propre ? Qui fera que nous soyons justement récompensés ou punis de notre bon ou de notre mauvais vouloir ? Que, dans notre péché, nous ne soyons châtiés que de ce qui est vraiment nôtre, sans l'être de ce qui est le péché de l'humanité en nous, et sans que ce péché même demeure

impuni ? Que, dans notre effort pour le bien, notre bon
vouloir nous suffise, et réalise en nous le bien, c'est-à-
dire la perfection de l'homme ? Nous le voulons, nous
travaillons à le réaliser : qui fera que ce soit assez de
notre volonté de le réaliser pour le réaliser en effet,
nous en assurant l'accomplissement, non point dans la
forme de l'homme tel que nous le présente la vie anor-
male d'un être déchu, mais dans une transfiguration
de l'homme par la mort ?

XXXVI

Dieu ne fait pas le mal. Dieu le répare, et en tire le
bien.

Tout est bien, absolument parlant : et il n'y a point
de mal, puisque tout est ce qu'il doit être.

Il faut donc concevoir un mal qui soit un bien ; un
ordre universel dont un certain désordre fasse partie.
On le concevra, en fixant par la raison les variations
possibles du libre arbitre chez des êtres imparfaits,
avec les suites qu'elles entraînent, les séries particulières ou divergentes qu'elles produisent, et la loi qui
rétablit ces séries dans le concours de l'ordre universel.

Si l'homme est un être déchu, sa destinée suit une
de ces séries divergentes qui ne rentrent dans l'ordre
universel que par un détour : elle est extraordinaire,

et il faut l'extraordinaire pour la rendre à l'ordre, pour la remettre en sa véritable fin.

Qu'un parfait homme apparaisse dans notre histoire, Fils de l'homme, ou homme par excellence, et Fils de Dieu, c'est-à-dire homme tel que l'homme doit être, expression d'une idée divine, réalisation humaine du divin Λόγος, incarnation du Verbe. Nul être n'existe qu'en communion avec Dieu : on ignore cette communion ; ou on la connait, mais on ne la sent pas ; ou on la sent, mais on n'en a pas conscience : lui, il en a conscience : « Mon Père et moi nous sommes un », dit-il. Intelligent, il participe de la Raison divine, Verbe fait homme ; sensible, il n'aime que le bien, tout aux hommes et tout à Dieu ; libre, il obéit à Dieu : il dit ce que Dieu veut qu'il dise, fait ce que Dieu veut qu'il fasse : on voit donc agir Dieu, quand on le voit agir ; on entend Dieu parler, quand il parle : il est l'organe de Dieu parmi les hommes, il est l'Homme-Dieu.

Il est homme, certes, borné en sa science, en sa puissance : il agit par la puissance du Père ; il ignore ce que le Père ne lui révèle pas. Libre, et capable de mal comme de bien : il est tenté. Il triomphe de la tentation, et c'est librement qu'il obéit à Dieu, librement qu'il s'est fait l'organe de Dieu sur la terre: mais dès lors qui l'entend entend Dieu, qui le voit voit Dieu ; il est la Parole de Dieu, il est Dieu visible en figure d'homme : Homme-Dieu. En lui s'unissent l'homme et Dieu : en lui est la nature de l'homme, en lui est la

volonté d'un homme, puisqu'il est homme ; en lui est
la nature de Dieu, la volonté de Dieu, puisque Dieu
agit dans sa conduite, parle par sa bouche ; et la personne où ces deux natures, où ces deux volontés s'unissent, puisqu'il est l'organe et la Parole de Dieu, puisque l'entendre c'est entendre Dieu, le voir c'est voir
Dieu, est Dieu.

Que ce parfait homme, saint parfait, non impeccable
mais sans péché, digne de toute félicité, souffre ; que
ce juste malheureux accepte le malheur qu'il ne mérite
pas, le veuille pour le bien d'autrui : il n'expie rien
pour lui-même, il expie pour l'homme. Si, dans chacun de nos péchés, l'humanité pèche avec nous, il fait
que le péché de l'humanité, mêlé au nôtre, a son expiation, et il nous laisse l'expiation du nôtre : il nous délivre du péché de l'humanité, dont nous n'avons pas à
répondre, mais qui pèse sur nous de tout le poids du
mal accompli, obstacle infranchissable à l'accomplissement du bien ; il nous remet à notre responsabilité
propre, à notre propre justice. Désormais notre bonne
volonté suffit : nous échappons, si nous voulons le
bien, aux conséquences du péché originel, non dans une
vie que ce péché a faite incapable du bien, mais dans
une autre vie où nous serons, corps et âme, l'homme
que nous aurons mérité d'être. Désormais, dis-je, nous
pourrons, selon ce qu'aura été notre volonté, être justes,
ou ne l'être pas. Si nous ne le sommes pas, si notre
volonté est mauvaise, notre perte n'est plus imputable

qu'à nous-mêmes ; si nous le sommes, si notre volonté
est bonne, nous n'avons plus à expier que notre péché
propre, dans sa mesure. Délivrés du péché de l'humanité en nous, notre péché propre a sa mesure, notre
œuvre sa valeur, nous devenons capables de mérite :
nous pouvons dès lors, par la souffrance voulue, jointe
au repentir, expier notre mal, expier le mal d'autrui.

Si, dans la vie présente, nous n'acceptons pas la
souffrance due, ou si nous souffrons moins que nous
ne le devons à la justice, nous avons à souffrir encore
dans l'autre vie : mais notre propre mal ayant eu, par
le repentir, sa mesure, cette souffrance aura une fin.
Si nous acceptons la souffrance due, nous achevons
notre expiation propre, et, mourant, renaissons dans
la perfection méritée de notre être. Si, courageux et
soumis à Dieu, nous souffrons volontairement au-delà
de notre péché, si un injuste qui souffre accepte sa peine
pour le bien d'autrui, lui aussi expie pour l'homme,
après qu'il a expié pour lui-même ; lui aussi nous
rachète du péché originel et de ses suites : lui aussi
est le Christ, homme-Dieu avec l'Homme-Dieu, coré-
dempteur avec le Rédempteur. Tel est l'effet du mérite
surérogatoire des saints ; tel est le sens, telle est la
justice de la réversibilité des mérites et des peines.

Il n'importe ici (car nous faisons de la métaphysique,
non de l'histoire) que le Christ soit un personnage ayant
historiquement vécu, ou ne soit que l'Homme idéal ;
que le Verbe, un certain jour, se soit fait un certain

homme, ou qu'il se fasse homme sans cesse dans l'humanité ; qu'un homme, enfin, un homme réel, en chair et en os, soit le Verbe incarné, l'Homme-Dieu, Rédempteur des hommes, ou que, corédempteurs les uns des autres, se rachetant les uns les autres, tous les hommes forment ensemble, dans la mesure de leur sainteté souffrante, le Rédempteur. Ce qui importe, c'est que l'humanité soit rachetée par le Verbe incarné ou dans l'humanité même, ou dans un représentant de l'humanité, dans un Fils de l'homme ; qu'elle soit rachetée, dis-je, par l'Homme-Dieu.

Et telle est l'Eglise : la société des rachetés : les uns coopérant à la rédemption, ce sont les justes ; les autres, faibles, en recevant le bienfait par la bonne volonté qui les fait participer à tout ce que peut donner de force pour le bien cette grande communion des âmes. Les formes de cette participation, sacrements et prières, cérémonies, rites, ont un effet propre : c'est qu'elles ajoutent à la volonté bonne, à la justice qui s'y prête, la justice entière des saints ; elles ajoutent la rédemption, qui rend à la bonne volonté de chacun sa valeur et lui permet tout son mérite. Les justes rachètent, les faibles sont rachetés : mais les justes ont pu être faibles, les faibles peuvent devenir justes : justes et faibles tour à tour les uns comme les autres, les hommes se rachètent ainsi les uns les autres quand ils souffrent pour le bien.

XXXVII

L'âme humaine est appelée au partage de la divine
béatitude. Quand notre âme sort de cette vie pour en-
trer dans celle qu'elle s'est faite elle-même, elle y entre
digne ou indigne du ciel. Digne, elle l'obtient, soit
aussitôt, soit après une attente plus ou moins longue.
Indigne, elle ne l'obtient pas : elle ne l'obtiendra pas,
tant qu'elle demeurera dans la difformité de son être.
En pourra-t-elle sortir ? Et comment le pourra-t-elle ?

Le christianisme porte contre les réprouvés une ter-
rible sentence : ils sont damnés, et pour l'éternité. Il
y suffit d'un seul péché mortel : quiconque meurt en
état de péché mortel est frappé d'une éternelle peine.
Cela va de soi, le péché mortel étant défini le péché
commis en pleine connaisssance du mal et avec plein
consentement au mal ; c'est le péché idéal, absolu : à
l'absolu du péché, l'absolu de la peine. Le péché mortel, c'est-à-dire le péché qui donne la mort, le péché
meurtrier de l'âme, est comme la limite où va tout
péché ; et, à mesure qu'un péché s'en approche, il se
prépare une peine qui approche de la peine absolue.
L'enseignement religieux est donc, en ceci, une juste
menace ; très vrai, à titre de menace, et l'on ne saurait le donner autre. Mais nous n'avons pas ici charge
d'âmes. Est-il dit que le péché, en fait, puisse amais

atteindre sa limite, que jamais puisse être réalisé l'idéal
du mal, quand nous ne voyons pas que l'idéal du bien
puisse l'être? Rappelons-nous ce que nous avons remar-
qué plus haut, que « nous ne péchons pas seuls ; que,
quand nous péchons, notre nature pèche avec nous,
autant et plus que nous. » Et qui sait, à part le suprême
juge, qui sait, dans les crimes des plus grands coupa-
bles, ce qui est imputable à leur naissance, à leur édu-
cation, à leur entourage, à la grossièreté de leurs instincts, aux mille fatalités d'une âme née perverse en
un milieu pervers? Qui sait jusqu'à quel point ils agissent avec un plein consentement, propre à eux, imputable à eux seuls? jusqu'à quel point ils savent ce
qu'ils font? Abandonnons donc, s'il existe, le malheureux auteur d'un vrai péché mortel, d'une faute pure,
sans mélange, entièrement commise par son auteur en
dehors de toute influence étrangère ; d'une faute, dis-
je, pleinement connue et voulue : et demandons-nous
ce que deviennent ceux qui ont manqué l'épreuve de
la vie terrestre.

Ils sont perdus pour jamais. Il faut qu'ils redevien-
nent un jour d'autres personnes pour essayer de se
rendre dignes du royaume des cieux. Leur personne
est frappée d'une perte définitive, éternelle. Ils péris-
sent dans leur personne, mais non dans leur être.

Car, ou ils sont des personnes éternelles ; ou ils périront dans leur être même, comme dans leur personne ; ou ils périront dans leur personne, sans périr dans

leur être. Dans chacune de ces trois hypothèses, les seules possibles (la nôtre est une des trois), leur peine est éternelle : leur peine demeure à jamais pour eux ; leur peine dure autant que leur personne. La première, à laquelle s'attachent la plupart des théologiens, constitue une personne éternelle dans un éternel péché comme dans une éternelle souffrance : une éternelle atteinte à ce qui doit être, une éternelle violation de l'être, un éternel désordre, un mal maître du bien, qu'il tient éternellement en échec : c'est le triomphe définitif du mal quelque part, c'est quelque part la défaite de Dieu vaincu par sa créature. La seconde, à laquelle s'attachent plusieurs théologiens protestants, anéantit une créature, une œuvre de Dieu, pour parler le commun langage : mais ce n'est pas assez dire, l'être distinct de la personne étant la puissance distincte de l'acte, éternelle en elle-même ; chaque être étant de soi, non en acte, mais en puissance, une des virtualités du possible éternel de l'être : si donc la forme de l'être, si la personne peut périr, il n'y a point d'anéantissement concevable pour l'être lui-même. Mais un tel anéantissement fût-il concevable, l'une et l'autre des deux premières hypothèses font Dieu inférieur à son œuvre, qu'il a également manquée, soit qu'il se voie forcé de la châtier par un supplice impuissant contre la révolte toujours victorieuse quoique toujours punie, ou de l'anéantir. La troisième répond à sa puissance comme à sa justice, et à sa justice comme à sa miséricorde : elle est le dénouement de l'éternité.

L'âme libre est invitée à se constituer une personnalité parfaite : bonne, puissante, heureuse. Elle n'y parviendra que par la vertu. Quand elle y sera parvenue, alors elle sera dans le royaume céleste ; elle jouira éternellement, sans défaillance ni déchéance, de la possession de Dieu ; elle aura conscience de sa communion originelle, essentielle, avec Dieu ; elle « verra Dieu ». Dans cette personnalité toute divine, elle retrouvera, mais transformées et épurées, toutes celles qu'elle se sera constituées l'une après l'autre comme autant de formes imparfaites d'elle-même. Elle ne sera plus aucune de ces personnes successives, sauf la dernière : elle sera pour toujours, dans le sein de Dieu, la dernière qu'elle aura été : mais chacune contient les précédentes, et les retrouve en soi une fois libre de ce corps mortel dont elle est prisonnière, de ce corps anormal qui l'assujettit à certaines conditions de mémoire comme de pensée : la dernière contiendra donc toutes les autres.

Jusque-là, elle n'est qu'une personne périssable. Non qu'elle périsse à la mort : la mort la dégage, au contraire, soit pour son malheur, soit pour son bonheur, mais bonheur imparfait, et non encore éternel ni divin. Quand elle a achevé de moissonner dans sa vie d'esprit selon qu'elle a semé dans sa vie corporelle, quand elle a vécu sa vie d'esprit, qui est sa vraie vie, dont la vie corporelle n'est que l'enfantement, elle meurt : c'est-à-dire elle se réincarne, soit sur la terre encore, ou dans quelque autre monde. Elle meurt à ses souvenirs, à toute son existence passée, elle meurt à sa personne, pour un temps du moins : effrayante perspective ! Mais c'est la seule issue de l'enfer.

L'âme donc se réincarne. Elle recommence l'épreuve, en des conditions qui font de ce recommencement un véritable commencement pour elle ; et d'ailleurs diverses, afin d'être appropriées à la diversité des états moraux. Non point afin de la punir ou de la récompenser : elle a déjà été récompensée, elle a été punie. Elle a eu le sort qu'elle s'était fait ; elle a été traitée comme elle avait mérité de l'être. Il n'y a point peine où il n'y a pas conscience du rapport de la peine à la faute : mais l'âme a déjà subi sa peine ; seulement elle encourt de nouvelles conséquences de ses fautes : non plus des expiations, mais des épreuves calculées de manière à solliciter en elle l'éveil des vertus qui lui manquent. Il lui appartient toujours de subir sa dernière épreuve, et de s'y constituer sa personnalité définitive : qu'elle soit sainte ! Toujours elle peut naître à la vie divine : qu'elle y naisse par le cœur, elle a l'éternité devant elle pour y grandir en intelligence et en puissance, pour y parvenir à comprendre Dieu, pour y atteindre enfin, par un incessant progrès, le terme de son progrès, la perfection de Dieu.

Si une épreuve peut être la dernière, si elle peut, le plus souvent, n'être qu'un progrès, ou même une halte, une station entre le bien et le mal, elle peut aussi être une décadence nouvelle et plus profonde. Un être peut s'élever ou s'abaisser ; monter ou descendre. Un être qui ne se rendrait pas meilleur, qui persévèrerait dans le mal, s'enfoncerait par degrés dans le mal, et dans la peine du mal ; un tel être, au lieu de s'acheminer, d'épreuve en épreuve et de progrès en progrès, à la perfection de l'être, s'acheminerait ainsi, de décadence en décadence, à la mort suprême, à l'anéantissement : c'est l'éternité de l'enfer, mais non à jamais fixée sans possibilité de retour.

D'ailleurs, l'être qui recommence une épreuve manquée, si l'oubli du passé lui permet de commencer à nouveau, ne perd pas, avec la mémoire, les puissances acquises ; il renaît porté à mieux vivre par le sentiment inné d'une réparation à faire : mieux disposé, ou mieux doué du moins, selon qu'il a déjà vécu. Chaque désir du bien est une prière à Dieu, un recours au secours de Dieu ; et il n'arrive jamais que Dieu ne réponde par sa grâce à qui l'appelle : si faible, si confuse et vague, si balbutiante que soit la voix de l'enfant, le Père l'entend, « Dieu est toujours là (V. Hugo). »

Pour nous, hommes, si nous sommes d'une seule race ; ou, si nous sommes de plusieurs, pour chacun de nous selon notre race, le chef de notre race, ayant péché, a vicié, par l'état où il a mis son âme, le corps auquel elle était jointe ; et tous les corps issus du sien en sont viciés. Chacun de nous vicie de même par ses propres fautes son propre corps avec son âme, et les corps de nos enfants s'en ressentent.

Nous ne sommes plus les maîtres, mais les prison-
niers de nos corps : nos corps vivent d'une vie tempo-
raire et qui passe des uns aux autres, indépendamment
de nous-mêmes : notre volonté, cette volonté qui est
notre être même ! ni, quand nous voulons vivre, ne
nous empêche de mourir, ni, quand nous voulons mourir, de vivre ; et ils ne sont pas la fidèle expression de
nos âmes : que de fortes âmes ne voit-on pas jointes
aux plus débiles corps ! et que de corps puissants, que
de santés florissantes, que de vies robustes, avec des
cœurs infirmes ou de pauvres intelligences, avec de
faibles âmes ! En serait-il ainsi, et notre vie corporelle
serait-elle sujette à la mort, si notre âme en était le
principe ? Chaque âme se fait son corps : mais notre
véritable corps est d'une matière subtile, invisible aux
grossiers organes du corps terrestre dont nous sommes
pour un temps les captifs. Nous le portons toujours
avec nous, le renouvelant et le modifiant sans cesse,
lui imprimant à chaque instant la forme de notre propre
être : céleste corps, que la mort, qui nous délivre du
corps terrestre, ne nous ôte pas, mais au contraire
nous rend, et, le dégageant des conditions auxquelles
il est assujetti, restitue à notre perception comme à
notre libre usage.

Nous préexistons à nos corps humains : l'état moral
dans lequel chacun de nous s'est mis lui-même produit
en chacun de nous une sorte d'affinité naturelle avec
les corps de la race d'Adam, ou de telle race, de telle

famille, et avec l'un plutôt qu'avec un autre. Un certain corps, et non pas un autre, à l'heure voulue, nous attire : nous y venons. Le rapport entre le corps vicié et l'âme viciée n'est point que le corps vicie l'âme, ni l'âme le corps, mais qu'il existe déjà dans l'âme un vice en correspondance avec le vice du corps. Nos actes libres enfantent des conséquences dont la fatalité pèsera sur nous. La vie terrestre est pour chacun de nous ce qu'elle doit être, ce qu'il faut qu'elle soit : la juste conséquence de son passé ; l'épreuve qu'il a méritée, qu'il s'est infligée lui-même. Les réincarnés viennent de l'enfer : c'est l'humanité terrestre, qui est la nôtre ; ceux qui s'affranchissent de toute réincarnation future forment l'humanité céleste, qui sera la nôtre quand nous aurons saintement vécu : la société des saints, qui voient Dieu ; la société des dieux, qui coopèrent à l'œuvre de Dieu.

Ceux-là sont les Génies, les Puissants ; ils secondent la Providence, et font son œuvre ; ils président à nos destinées, à celles des familles, des empires, à celles des mondes.

Ces esprits forment avec Dieu une société, une Cité parfaite dont il est le roi. La loi de cette Cité des esprits est l'amour. L'amour est le lien des citoyens de la Cité divine entre eux et avec Dieu : il est la joie du bonheur d'autrui ; par lui, on fait le bien pour être heureux, et l'on est heureux de le faire.

Nous sommes, nous, habitants de la terre, des réincarnés : vieux damnés qui gémissons, et ne savons pas, tout souffrants que nous sommes, nous rendre dignes d'être un jour les membres que nous devons être de cette heureuse Cité divine, de cette Société des dieux !

XXXVIII

Résumons-nous.

L'être possible est l'être en puissance. La puissance d'être est tendance à l'être, appétit d'être, activité qui veut être : l'activité est volonté, et la volonté liberté.

La puissance d'être est une, elle est Dieu ; et elle enveloppe une infinité de puissances, qui sont les puissances particulières : d'où un premier être, qui est Dieu, et des êtres à l'infini.

Dieu est l'être, et un être : deux aspects de la Divinité : l'être, c'est-à-dire le Principe de l'être, la Puissance universelle d'être ; un être, c'est-à-dire la première réalisation de cette Puissance, le premier Être, le Parfait, conscient de soi. Car nul être n'existe, s'il n'est pour soi comme pour autrui : être pour autrui, c'est être sensible à autrui ; être pour soi, c'est être sensible à soi-même, être conscient.

Les substances sont des puissances coéternelles en la Puissance infinie, des virtualités comprises dans la virtualité suprême, qui est l'Être : tels sont les êtres : essentiellement raisonnables et libres, mais d'une raison et d'une liberté latentes, jusqu'à l'heure où la conscience leur en est devenue possible : visibles à peine chez l'animal, manifestes à degrés inégaux chez l'homme, pleines et entières chez l'être supérieur, l'ange, ou le dieu.

La liberté fait le bien ou le mal, fait la perfection ou la dégradation de l'être, l'accroissement ou l'amoindrissement, et le bonheur ou le malheur à la suite.

Dans le monde qui est le nôtre, la liberté a fait le péché, et le péché la souffrance.

L'être se développe et croît par un progrès régulier, jusqu'à ce que, de degré en degré, il ait dégagé sa liberté avec sa raison latentes. Tant qu'il est encore au-dessous de l'être raisonnable et libre, il est au-dessous de la souffrance comme du péché, au-dessous du mal : sensible au seul besoin, et à la seule joie du besoin satisfait. L'univers, dont les monades composantes sont des êtres sourdement sensibles régis par des instincts qui sont leurs attractions et leurs affinités toujours satisfaites, est le théâtre d'un sourd bonheur, immense, universel. C'est la première phase de l'être.

Vient ensuite, plus haut, à un point qui ne saurait être fixé, la phase de la liberté déployée, où le progrès régulier cesse.

Deux cas se présentent.

Devenu libre, il ne pèche pas : il traverse, toujours ferme et sans faillir jamais, par une suite de transformations qui ne sont pas des morts, tous les degrés de l'épreuve, s'élevant, dans un monde harmonique, d'une animalité heureuse à une humanité heureuse, où le succès de l'épreuve le préserve de la souffrance, et d'où il mérite de sortir ange. C'est l'évolution telle que Dieu la conçoit et la veut.

Mais elle peut se faire autrement. L'être, s'étant élevé d'une animalité heureuse à une humanité heureuse aussi à l'origine, devenu libre, pèche, tombe dans le malheur, redescend à l'animalité, mais celle-ci désormais souffrante, et d'où il faudra qu'il remonte à l'homme, qu'il monte à l'ange, par une suite de transformations qui sont autant de morts.

Telle est l'évolution dans les mondes inharmoniques, dont le nôtre fait partie, dans la nature que le péché nous a faite : le progrès régulier a cessé, l'être croît et décroît, monte, descend, s'élève à l'ange, s'abaisse à la bête, oscille autour de l'état d'homme, tantôt au-dessus, tantôt au-dessous, lutte, souffre : c'est la phase humaine, celle où Dieu, sans jamais abandonner l'âme à elle-même, l'invite à coopérer avec lui, la laisse agir, et l'attend, prêt à lui tendre la main quand elle s'éloigne et se perd, à l'accueillir quand elle arrive ; c'est, dans les succès comme dans les revers, la phase de la guerre entre le bien et le mal : c'est la crise de l'être.

Enfin le bien triomphe, et c'est la troisième phase, celle du couronnement de l'être devenu parfait, celle de la divinisation de l'être.

Chaque degré d'être, de la sensibilité la plus humble à la plus haute raison, est un degré de conscience : le dernier degré, félicité suprême, où nous porte lentement mais sûrement la pratique du bien, est pour chacun la conscience de son plein être, dans la société des parfaits unis entre eux et avec Dieu d'un éternel amour, vivant, les uns avec les autres, tous ensemble avec Dieu, la même éternelle et divine vie.

Telle est donc, en un seul mot, la loi de l'être :

Tout possible est une puissance propre, qui tend à l'être ; tout réel est un conscient résultant d'une synthèse de deux termes contraires et identiques, un *moi* et un *non-moi* qui, suscités par Dieu et se suscitant l'un l'autre, se font, sous cette action du suscitateur suprême, exister l'un l'autre, de degré en degré, de réalité en réalité, d'être en être, jusqu'à la perfection de l'être, jusqu'à l'universelle communauté de vie en Dieu.

FIN

OUVRAGES DU MÊME AUTEUR

CHEZ LE MÊME ÉDITEUR :

La philosophie de M. Cousin (*Bibliothèque de philosophie contemporaine*). — 1 vol. in-12.

L'Analyse métaphysique, *méthode pour constituer la philosophie première.* — 1 vol. in-8.

Etudes esthétiques. — 1 vol. in-12.

La Religion progressive, *Etudes de philosophie sociale.* — 1 vol. in-12.

CHEZ DEGORCE-CADOT (BIBLIOTHÈQUE DE VULGARISATION) :

Histoire de la philosophie. — 1 vol. in-12.

Instruction morale et civique. — 1 vol. in-12.

La langue et la littérature françaises du XVᵉ au XVIIᵉ siècle. — 1 vol, in-12 et in-8.

CHEZ DIVERS :

La Religion au XIXᵉ siècle. — 1 vol. in-12 (Hachette).

La Raison, *Essai sur l'avenir de la philosophie.* — 1 vol. in-12 (Didier et Cⁱᵉ).

De la métaphysique considérée comme science (ouvrage qui a obtenu une mention honorable à l'Académie des Sciences morales et politiques). — 1 vol. in-8 (Pedone-Lauriel).

Laure, nouvelle. — 1 vol. in-12 (Dentu).

Les Tendresses humaines, poésies. - 1 vol. in-12 (Lemerre).

Un fils du siècle, poème. — 1 vol. in-8 (J. Sandoz et Thuillier).

La République. — 1 vol. in-32 (Bibliothèque démocratique).

AU COMPTE-RENDU DES SÉANCES ET TRAVAUX DE L'ACADÉMIE DES SCIENCES MORALES ET POLITIQUES :

Du rôle de l'Etat dans les questions économiques (livraison de février-mars 1886).

La morale spiritualiste (livraison d'octobre 1886).

La psychologie métaphysique (livraison de janvier-février 1888).

ALGER, — IMPRIMERIE DE L'ASSOCIATION OUVRIÈRE, P. FONTANA ET Cᵉ.

Volumes brochés à 5 fr., 7 fr. 50 et 10 fr.

www.ingramcontent.com/pod-product-compliance
Lightning Source LLC
Chambersburg PA
CBHW060634100426
42744CB00008B/1630